Die Halskette des Buddha

Samael Aun Weor

Verlag Heliakon

Velag Heliakon

Original Titel: El Collar del Budha
Übersetzer: Osmar Henry Syring
Umschlaggestaltung: Verlag Heliakon

Druck und Vertrieb: BoD - Books on Demand, Norderstedt

www.verlag-heliakon.de
info@verlag-heliakon.de

ISBN 978-3-943208-00-9

Titelbild: Pixabay (geralt)

Die Deutsche Nationalbibliothek verzeichnet diese Publikation in der Deutschen Nationalbibliografie; detaillierte bibliografische Daten sind im Internet über dnb.de abrufbar.

Inhaltsverzeichnis

1. Kapitel

Das Sonnenkind

Geliebte gnostische Brüder und Schwestern:

Heute, wo wir mit großer Freude im Jahre 1966 Weihnachten feiern, ist es dringend notwendig die christlichen Mysterien gründlich zu studieren.

Beim Anbruch des großen kosmischen Tages sagte der Erste Logos, der Vater zum Dritten Logos, dem Heiligen Geist: *Geh und befruchte meine Frau, die chaotische Materie, die große Mutter, sodass Leben entsteht. Aber du entscheidest!* So sprach der Vater und der Dritte Logos verbeugte sich ehrfurchtsvoll; die Morgendämmerung der Schöpfung brach an.

Die Kosmokratoren, das Heer der Erbauer der Morgenröte, die Heerschar der Elohim, der Dritte Logos, arbeiteten in den Sieben Tempeln des Chaos.

Drei Energien sind unerlässlich für alle Schöpfung: die positive Kraft, die negative Kraft, die neutrale Kraft. Vor dem Altar des Tempels waren ein Elohim in maskuliner, positiver Form polarisierter und ein weiterer Elohim in femininer, negativer Form polarisierter. Der Chor der Elohim im Grundgeschoss des Tempels repräsentierte die neutrale Kraft. Diese Ordnung der drei Kräfte blieb so bestehen für jeden der sieben Tempel des primitiven Chaos.

Es sang das göttliche Männliche, es sang das göttliche Weibliche, es sang der Chor der Elohim.

Die ganze Liturgie der sieben Tempel wurde gesungen, und das große Wort befruchtete die Gebärmutter der großen göttlichen Mutter.

Am Anfang war das Wort, und das Wort war bei Gott und das Wort war Gott.

Dasselbe war am Anfang bei Gott. Alle Dinge sind durch dasselbe gemacht; und ohne dasselbe ist nichts gemacht, was gemacht ist. In ihm war das Leben, und das Leben war das Licht der Menschen.

Das Wort befruchtete die Wasser des Lebens, das Universum in seinem keimenden Zustand erschien strahlend in der Morgenröte. Der

Heilige Geist befruchtete die große Mutter und der Christus war geboren. Der Zweite Logos ist immer der Sohn der jungfräulichen Mutter. Sie ist immer Jungfrau, vor der Geburt, während der Geburt und nach der Geburt. Sie ist Maria, Isis, Isoberta, Rhea, Kybele etc.

Sie ist das ursprüngliche Chaos, die ursprüngliche Substanz, der Rohstoff des großen Werkes.

Der kosmische Christus ist das Heer des großen Wortes. Er wird in allen Welten geboren und in jeder von ihnen gekreuzigt, damit alle Wesen im Überfluss leben.

Meine Brüder und Schwestern: Beobachtet das königliche Gestirn in seiner elliptischen Bahn. Die Sonne bewegt sich von Süden nach Norden und von Norden nach Süden. Wenn die Sonne nach Norden wandert, feiern wir die Geburt des Sonnenkindes. Es wird am 24. Dezember um Mittemacht geboren, fast am Anbruch des 25.

Wenn die Christussonne nicht nordwärts ziehen würde verwandelte sich die ganze Erde in ein riesengroßes Stück Eis und alles Leben würde enden. Aber der Sonnengott rückt am 24. Dezember nach Norden vor, um zu Leben zu schenken und um allen Lebewesen Wärme und Leben zu spenden.

Das Sonnenkind wird am 24. Dezember, fast am Anbruch des 25., geboren und kreuzigt sich im Frühling bei Tag und Nachtgleiche, um allem existierenden Leben zu geben. Das feststehende Datum seiner Geburt und das variable Datum seines Todes hat eine tiefe Bedeutung in allen religiösen Theologien.

Schwach und hilflos wird das Sonnenkind in diesem bescheidenen Stall der Welt und in einer dieser sehr langen Winternächte geboren, wenn die Tage in den nördlichen Regionen sehr kurz sind.

Das Zeichen der himmlischen Jungfrau erhebt sich am Horizont zur Weihnachtszeit und so wird das Kind geboren, um die Welt zu retten. Die *Christussonne* ist in seiner Kindheit von Gefahren umgeben und es ist sonnenklar, dass das Reich der Finsternis viel länger währt als seines in den ersten Tagen, aber er lebt trotz all der fürchterlichen Gefahren, die ihn bedrohen.

Die Zeit vergeht ... die Tage werden unbarmherzig länger und es kommt der Tag und Nachtgleiche des Frühlings, die Karwoche, der Moment um von einem Extrem zum anderen zu gehen, der Moment der Kreuzigung des Herrn dieser Welt.

Auf dem Planeten Erde kreuzigt sich die *Christussonne* selbst, um allem Existierendem Leben zu geben, nach seinem Tod aufersteht er in der gesamten Schöpfung und dann reifen die Trauben und das Getreide.

Das Opfer ist das Gesetz des Logos. Das ist das kosmische Drama, welches sich in allen Welten in allen Sonnen von Moment zu Moment im ganzen unendlichen Raum wiederholt. Das ist das kosmische Drama, das in allen Tempeln von Ägypten, Griechenland, Indien und Mexiko aufgeführt wird. Das ist das kosmische Drama, das in allen Tempeln aller Welten des unendlichen Raumes aufgeführt wird.

Der sekundäre Aspekt dieses großen Dramas entspricht mit großer Genauigkeit jedem heiligen Individuum, das durch die Revolution des Bewusstseins die venusischen Einweihungen erreicht und sich in einen solaren Helden verwandelt.

2. Kapitel

Die Milchstraße

Weihnachten ist ein unbeschreibliches kosmisches Ereignis, ein solares Fest, das seinen Ursprung in der mysteriösen Nacht der Jahrhunderte hat.

Die dreidimensionale physische Sonne ist nur das Medium für die Handlungen der spirituellen Sonne. Die physische Sonne trifft die mystische Sonne, die Mitternachtssonne, den Stern von Bethlehem, den kosmischen Christus. Alle alten Religionen erweisen der Sonne ihre Reverenz. Auch der Vatikan ist so konstruiert worden, dass seine Türen sich gegen Osten öffnen, gegen die aufsteigende Sonne. Immer wiederholten die frühen Christen mit großer Hingabe: unser *Gebieter Jesus Christus, die Sonne*.

Es ist erstaunlich, wie der solare König seine Reise entlang der unzählbaren Sterne des unendlichen Weltraumes mit einer Geschwindigkeit von 20 Kilometern pro Sekunde in Relation zu seinen nächsten Nachbarn vollzieht. Im Zentrum der Milchstraße wandert die Sonne mit einer erstaunlichen Geschwindigkeit von 270 Kilometern pro Sekunde. Bei ihrer Bewegung zieht die Sonne die Erde und das ganze Sonnensystem mit sich.

Die Erde, auf der wir leben, uns bewegen und unser Sein haben, ist mehr als eine Masse reiner Materie. Ohne Zweifel ist sie ein lebendiger Organismus, auf dessen Epidermis wir alle als einfache Parasiten leben. Im unendlichen Weltraum durchwandert die Erde einen Pfad, der kompliziert und schwierig zugleich ist. Der Planet Erde tanzt um die Sonne zur Musik der Sphären, er umkreist mit einer schwindelerregenden Geschwindigkeit das Zentrum dieser wunderbaren Galaxie, in der wir leben.

In Wirklichkeit ist die Milchstraße so gigantisch, dass die Sonne, die selbst mit 270 km/s unterwegs ist, 220 Millionen Jahre brauchen würde, um sie zu umkreisen. Die Milchstraße als ein lebender kosmischer Organismus, ein spiralförmiger Körper, indem unser Sonnensystem existiert. Es ist eine Tatsache, dass alle Spiralnebel inklusive unserer Milchstraße dasselbe fundamentale Aussehen haben.

Es existieren drei arbeitende Kräfte in allen Galaxien. Die Erste ist zentripetal, die Zweite zentrifugal; und die Dritte ist neutral und dient als Stütze und als Gleichgewicht. Die zentrifugale Kraft verleiht dem kosmischen Spiralnebel seine spiralenförmige Bewegung genauso, wie ein Wirbelwind in einer spiralförmigen Art Staub aufwirbelt.

Die Milchstraße hat mit ihren 18 Millionen Sonnen und unzählbaren Planeten und Monden ihr Zentrum der Gravitation in der zentralen Sonne Sirius. Alte esoterische Traditionen bezeugen, dass sich die transzendentale Kirche in der Zentralsonne Sirius befindet.

Innerhalb dieses Tempels von Sirius haben Adepten das große Vergnügen mit den Schülern des Gottes Sirius zusammenzutreffen. Wenn ein Adept den Versuch unternimmt, jenseits die Milchstraße zu gelangen, ist er verpflichtet zur Sonne Sirius, zurückzukehren. Dem Adepten der Erde ist es verboten, sich jenseits der Sonne Sirius zu begeben.

Die Astronomen wissen sehr gut, dass jenseits der Milchstraße nur drei Galaxien mit bloßem Auge sichtbar sind. Zwei von diesen können in der südlichen Hemisphäre betrachtet werden, die große und die kleine Magellan Wolke, so benannt zu Ehren des großen Forschers.

Wenn die Anhänger der weißen Loge sich jenseits des Planeten Sirius begeben, werden sie zwei Gruppen von Welten sehen, die in rosaroter Farbe wunderbar funkeln. In diesen zwei Galaxien gibt es Gesetze, die den Bewohnern der Milchstraße unbekannt sind.

Es lautet ein Grundsatz in den heiligen Texten der okkulten Weisheit: *Wo das Licht am hellsten leuchtet, ist die Dunkelheit am dichtesten*. In den höheren Welten kann jeder Adept bezeugen, dass oft in der Nähe eines Tempels des Lichtes, auch ein Tempel von furchtbarer Dunkelheit existiert. Wenn wir uns auf diesen Grundsatz stützen, können wir ohne Angst vor Irrtum versichern, dass die Zentralsonne Sirius einen Doppelgänger hat und dass er eine riesige dunkle Welt ist.

Von Sirius kommen die kosmischen Kräfte, die die himmlischen Regionen regieren, zum Planeten Erde, aber von seinem dunklen Bruder kommen die Kräfte, die die Unterwelten regieren zu uns. Die Astronomen geben Sirius den Name Hundsstern (Sirius A) und seinem finsteren Doppelgänger den Namen Sirius B.

Unsere Galaxie ist gigantisch, unbeschreiblich und wunderbar, sie hat einen Durchmesser von ungefähr 100.000 Lichtjahren und ist ungefähr 10.000 Lichtjahre stark. Die Sonne, die uns wärmt, und uns unser Leben gibt, unsere geliebte Sonne, Ursprung des Lebens, befindet sich ungefähr 30.000 Lichtjahre vom Zentrum der Galaxie entfernt. Sie befindet sich auf einem Drittel der Distanz vom Zentrum zum äußeren Rand.

Es scheint als wäre sie in der Nähe des inneren Ringes eines Spiralarmes, in der Nähe von sehr schwachen und weit entfernten Sternen und in der Nähe von einer anderen Gruppe, die näher am Zentrum ist. Es gibt viele Millionen von Galaxien im unendlichen Weltraum. Geschätzte 2.000.000.000 Galaxien sollen sich in einem Raum von 250.000.000 Lichtjahren befinden, und obwohl das eine unvorstellbare Distanz ist, gibt es kein Zeichen auf ein Ende. Unser Sonnensystem entspricht ohne jeden Zweifel und ohne Übertreibung einer Blutzelle im menschlichen Körper.

Mithilfe des Mikroskops können wir bestätigen, dass eine weiße Blutzelle genauso aus einem Kern, oder einer Sonne, besteht, und seinem Zellplasma oder der Einflusssphäre. Sie ist auch von allen Seiten von ähnlichen Zellen oder Systemen umgeben. Zusammen formen diese Zellen das Ganze, ein großes Wesen, dessen Natur sicherlich für eine einzelne Zelle unbegreiflich schwer zu erfassen ist.

Die Milchstraße ist ein lebender Organismus, geboren in der neunten Sphäre aus Wasser und Feuer. Diejenigen, die glauben, dass die Galaxien, inklusive der Milchstraße ihren Ursprung in der Explosion eines primitiven Atoms haben, sind im Irrtum.

Es gibt einen esoterischen Grundsatz, welcher sagt: *wie unten, so oben*. Wenn diese kleine mikrokosmische Galaxie, genannt Mensch, seinen Ursprung in der neunten Sphäre, in der Sexualität hat, können wir ohne Angst vor einem Irrtum, logisch folgern, dass wir den Ursprung unserer Galaxien und aller Galaxien in der neunten Sphäre, in der Sexualität suchen müssen.

Der Tempel der Weisheit befindet sich in der neunten Sphäre. Der Tempel der Weisheit befindet sich zwischen Phallus und Uterus. Es ist unmöglich die Wahrheit über den Ursprung der Galaxien zu erfahren ohne sich je in die neunte Sphäre (die Sexualität) begeben zu haben. Die sexuelle Vereinigung des Wortes in der Dämmerung des Lebens befruchtet die Wasser des Chaos und die Galaxien werden geboren und die Welten werden geboren.

Das sexuelle Feuer von Kundalini befruchtet immer den Leib der großen Mutter.

Am Anfang war das Wort!

3. Kapitel
Das Sonnensystem Ors

Im Nirvana hört der Sinn einer Familie, eines Stammes oder Clans auf, denn alle sehen sich als Mitglieder einer großen Familie. Vielfalt ist Einheit.

Aber, durch Beobachtung und Erfahrung konnten wir, alle Brüder (und Schwestern), überprüfen, dass etwas Ähnliches wie eine Familie in jeder Gruppe der Elohim, oder Prajapatis, die die verschiedenen Sonnensysteme unserer Galaxie regieren, existiert. Dieser Sinn der kosmischen Vereinigung innerhalb jeder Gruppe der Elohim macht aus ihnen so etwas wie eine unaussprechliche, göttliche, erhabene Familie.

Die kosmische Familie, die das Sonnensystem Ors, in dem wir leben, uns bewegen, und unser Sein haben, leitet, zählt zu seinen herausragenden Mitgliedern Gabriel, Raphael, Uriel, Michael, Samael, Zachariel und Orifiel. Jeder von diesen Brüdern ist der Chef einer Legion von Engeln. Jeder dieser Brüder arbeitet intensiv am großen Werk des Vaters.

Gabriel ist der Regent des Mondes, Raphael ist der Regent von Merkur, Uriel regiert die Venus, Michael ist der König der Sonne, Samael ist der Regent von Mars, Zachariel ist der Leiter von Jupiter, Orifiel lenkt das Schicksal des alten Saturn, des alten Weisen des Himmels.

Im Zentrum einer jeden Sphäre, von jedem Planeten befindet sich immer der kosmische Tempel, der planetarische Tempel, der Wohnort des regierenden Genius.

Jeder Meister der Weißen Loge kann den Herz-Tempel des Planeten Erde mit seinem Astralkörper besuchen. Der Genius der Erde ist jener Melchisedek, von dem die Bibel spricht, Changam, der König der Welt. Es wurde uns gesagt, dass der Genius der Erde einen physischen Körper hat, ähnlich wie unserer, aber ewig, unsterblich; einige Lamas von Tibet hatten die große Freude Changam persönlich kennenzulernen.

Der Genius der Erde lebt in Agarthi, einem unterirdischen Königreich, in Begleitung der überlebenden Eingeweihten von Lemurien und Atlantis.

Die Bewohner von Agarthi warten nur darauf, dass die degenerierte arische Rasse, die momentan auf der Oberfläche der Erde lebt, durch Feuer ausgelöscht wird. Wenn wir alle, die Perversen dieser Rasse, gestorben sind, werden die Überlebenden von Lemurien und Atlantis die Erde wieder bevölkern und sich mit einigen auserwählten Überlebenden unserer momentanen arischen Rasse vermischen, um die zukünftige sechste Menschenrasse zu begründen.

Im Inneren der Erde existiert eine Rasse mit dem physischen Körper der Lemurer und Atlanter. Diese Rassen beherrschen alle atomaren wissenschaftlichen Erfindungen der allen Zeiten.

Der König der Welt arbeitet intensiv und wird in seiner Arbeit unterstützt von den Chören, jenen großen Wesen, die das Leben und den Tod in allen Ebenen des kosmischen Bewusstseins regieren.

Die Erde ist ein lebender Organismus, der die Sonne umkreist. Der planetarische Genius hält sie genau auf ihrer Bahn.

Die Erde ist eines der Mitglieder der großen kosmischen Familie des Sonnensystem Ors.

Alle siderischen Körper nahe der Erde, die von Melchisedek, dem König des Feuers, regiert wird, sind Teil dieser komplexen Familie.

Das Sonnensystem Ors umfasst in seinem Einflussgebiet eine große Vielfalt von Objekten. Im Orbit der Sonne kreisen neun Planeten, regiert von unbeschreiblichen Wesen, 31 bekannte Satelliten, Tausende von Asteroiden, Kometen und viele Millionen Meteoritenteilchen.

Trotz dieser Zahl und der riesigen kosmischen Masse all dieser Körper konzentriert sich mehr als 99% der Materie des Sonnensystems Ors in der Sonne, obwohl es unglaublich scheint. In Wirklichkeit ist der königliche Stern das Herz unseres Sonnensystems Ors.

Die sieben Chohans, die die sieben großen Strahlen dirigieren, leben und arbeiten im Herztempel der Sonne, die sich im Zentrum der strahlenden Sphäre befindet. Nur wenige menschliche Wesen der Erde können mit ihrem Astralkörper den Herztempel der Sonne besuchen.

Ein gewaltiger und fürchterlicher Abgrund führt den Eingeweihten zur Schwelle der Weisheit. Jeder der diese heilige Schwelle erreicht muss sich ehrfürchtig vor dem Hüter des Tempels verneigen. Ein enger Pfad führt den Besucher zu dem Herztempel, wo die sieben furchterregenden Chohans wohnen.

Alles Leben des Sonnensystem Ors pulsiert intensiv im Herz der Sonne. Die Schwerkraft der Sonne hält die ganze solare Familie in ihren mechanischen Umlaufbahnen.

Die Mechanik des großen Sonnensystem Ors funktioniert im Einklang mit dem großen Gesetz. Die Umlaufbahnen der Planeten, die um die Sonne zu den großen Symphonien der kosmischen Stimmgabel tanzen, sind auf eine weise Art miteinander verbunden, gemäß dem Gesetz von Bode.

Wenn wir die geometrische Progression 0, 3, 6, 12, 24, 48, 96, 192, nehmen, und zu jeder Zahl 4 addieren, erhalten wir eine Serie, die annähernd die Distanz der einzelnen Planeten zur Sonne wiedergibt.

Merkur, Gott der Wissenschaft, Bote der Götter, reist um die Sonne mit einer schwindelerregenden Geschwindigkeit. Venus der Planet der Musik, der Liebe und der Schönheit, an zweiter Stelle in Bezug auf die Sonne, bewegt sich ein bisschen langsamer, und die Erde, unsere arme, geplagte Erde, an dritter Stelle, bewegt sich unter der weisen Leitung von Changam oder Melchisedek, noch ein bisschen langsamer.

Unser geliebtes Sonnensystem Ors hat als Nachbarn das Sonnensystem Baleooto. Der berühmte Komet Solni kommt von Zeit zu Zeit der strahlenden Sonne Baleooto gefährlich nahe. Letztere musste mehrmals eine sehr starke elektrische Kraft erzeugen, um sich auf ihrer üblichen kosmischen Umlaufbahn zu halten.

Es ist natürlich und logisch, dass diese Spannung eine identische Spannung in allen Nachbarsonnen, zu denen auch unsere Sonne Ors gehört, erzeugt. Das ist das Gesetz von Solioonensius, das auch die Planeten betrifft, die um ihre entsprechenden Sonnen kreisen. Die Erde kann keine Ausnahme bilden bei diesem Gesetz von Solioonensius. Diese schreckliche elektrische Kraft provoziert blutige Revolutionen und grausame Katastrophen.

Das Gesetz von Solioonensius manifestierte sich im Alten Ägypten der Pharaonen zweimal. Beim ersten Mal hat das Volk in einer blutigen Revolution neue Führer gewählt, mittels Blut und Tod. Sie entfernten die Augen von allen entmachteten Herrschern.

In der zweiten Manifestation dieses kosmischen Gesetzes hat das wütende ägyptische Volk sich gegen seine Führer erhoben und sie ermordet, indem es den Körper jedes Einzelnen mit einem heiligen Seil durchbohrt und in den Nil geworfen hat. Dieses Seil sah aus wie eine gigantisch, makabre Halskette.

Die bolschewistische Revolution war ebenfalls das Ergebnis von Solioonensius. In der Vergangenheit gab es jedes Mal, wenn sich das Gesetz von Solioonensius manifestiert hat, große soziale Katastrophen.

Menschen, die das verstehen, nutzen die Gesetze von Solioonensius, um sich auf den Pfad der inneren Selbstverwirklichung zu begeben. Aus der Ferne gesehen erscheint das Sonnensystem Ors wie ein Mensch, der durch das unveränderliche Unendliche geht.

Erinnern wir uns, dass der Moment der Aufnahme eines vergleichbaren Wesens, das die Sonne anblickt, achtzig Jahre ist. Die Astronomen versichern, dass unsere Sonnensystem Ors sich dem Stern Vega mit zwanzig Kilometern pro Sekunde nähert.

Es ist eine Tatsache, dass die Sonne in achtzig Jahren, während sie all die funkelnden Strahlungen ihres wunderbaren Systems hinter sich lässt und siegreich im heiligen Raum vorrückt, ungefähr 50.000.000.000 km (fünfzig Milliarden Kilometer) zurücklegt.

Der Bereich der Strahlung, das Feuerband oder der lange und strahlende Körper unseres Sonnensystems bildet in achtzig Jahren eine Figur, die fünfmal höher als breit und wunderbar proportioniert ist, wie ein aufrechter menschlicher Körper.

Die durch die Sonne ausgeübte Anziehungskraft regiert alle Bewegungen der solaren Familie und je näher die verschiedenen Planeten der Sonne sind, desto höher muss die Geschwindigkeit sein, um den gewaltigen solaren Aktionskräften entgegenzuwirken.

Die Planeten, die unsere kosmische solare Familie bilden, sind unterschiedlicher Größe. Vom kleinsten, schnellen Merkur, Botschafter der Götter, der dem Zentrum am nächsten ist, zum mächtig donnernden Jupiter, Vater der Götter, in der Mitte zwischen dem Zentrum und dem Kreisumfang, und schließlich zu Pluto, dem äußersten bekannten Planeten, der ein bisschen größer als der schnelle Merkur ist.

Nach vielen Jahren der Beobachtung und der Experimente konnte man bestätigen, dass je entfernter die Planeten sind, umso geringer ihre Geschwindigkeit um die Christussonne ist. Tatsächlich verringert sich die Geschwindigkeit von 50 km/s von Merkur bis zu 5 km/s von Neptun, dem Herrn des okkulten Wissens, dem König der Meere.

Die Achse des Sonnensystems Ors, das heißt die Sonne selbst, dreht sich um ein interstellares magnetisches Zentrum oder kosmisches Chakra. Diese Rotation dauert einen Monat.

Der schnelle Merkur, der himmlische Botschafter, vollendet seine Bahn um den Sonnenkönig in drei Monaten. Die Venus vollzieht ihren Tanz um die Sonne in 8 Monaten. Die Erde macht ihre Reise um die Sonne in 12 Monaten. Der wunderbare Tanz des Neptun, dem König der Meere, um die Sonne, dauert 164 Jahre. Das kosmische Gebilde des Sonnensystem Ors ist außergewöhnlich komplex und schön.

Die planetarischen Teile verwandeln sich in verschiedene Spiralen von unterschiedlicher Spannung und unterschiedlichem Durchmesser und ähneln eine Serie von strahlenden göttlichen Hüllen, die den langen, heißen und weißen Leuchtfaden der Sonne Ors trüben.

Jede Einzelne strahlt herrlich mit eigener und charakteristischer Wärme und Brillanz. Die wunderbare zusammengefügte Einheit erscheint wie ein mysteriöses und erhabenes Spinnennetz, prächtig gewebt aus verschiedenen eigenwilligen Bahnen von Millionen Asteroiden und Kometen mit langem Schweif, die mit feurigem Atem strahlen und eine unglaubliche feine und harmonische Musik erklingen lassen, die vollkommen auf den drei Takten des Mahavan und Chotavan basieren, die das Universum auf seinem Weg festhalten.

In Wirklichkeit ist das Sonnensystem Ors eine lebende kosmische Kreatur, die vor vielen Millionen Jahren in der neunten Sphäre (die Sexualität) geboren wurde. Alle Menschen sind ähnlich in Aussehen und Konstitution, wie es auch bei allen Sonnen des unendlichen Weltraums der Fall ist. Was einen Menschen vom anderen unterscheidet, ist sein Grad an Bewusstsein, was eine Sonne von der anderen unterscheidet, ist ihr Grad an Strahlung.

Licht und Bewusstsein sind im Grunde das gleiche Phänomen. Licht und Bewusstsein gehorchen den gleichen Gesetzen, sie wachsen und schrumpfen auf die gleiche Art. Im Chaos, im universellen Sperma, befindet sich der kosmische Entwurf des Menschen und der Sonnen.

Die Selbstverwirklichung des Kosmos-Menschen, oder des Sonnensystems, die stufenweise Erleuchtung und Strahlung des einen oder des anderen, ist der Grad an selbst generiertem Bewusstsein von jedem solaren Kosmos oder von jedem Kosmos-Menschen. Es hängt vollkommen von jedem einzelnen individuellen Wesen ab.

Damit ein Mensch vollkommen über sich selbst bewusst ist, müssen alle seine Teile vollkommen bewusst werden. Damit eine Sonne vollkommene Strahlung erreicht, müssen alle ihre Planeten, ihre kosmischen Organe, vollkommen erstrahlen.

Die Aufgabe des ganzen Universums und jedes Wesens, von der gigantischen Sonne bis zur bedeutungslosen Zelle, ist es, das Bewusstsein zu erwecken. Das Sonnensystem Ors wird immer mehr erstrahlen, im Einklang mit der Entwicklung des Bewusstseins jeder ihrer Welten, jeder Person, jeder lebenden Zelle.

Das Bewusstsein aller menschlichen Wesen auf dem Planeten Erde schläft. Es ist unmöglich die Wahrheit in Erfahrung zu bringen, wenn das jeweilige Bewusstsein komplett schläft.

Es gibt vier Bewusstseinszustände:

1. Träumen, während des Wachzustandes
2. Träumen, während der physische Körper schläft.
3. Selbstbewusstsein.
4. Erwecktes objektives Bewusstsein.

Normalerweise leben die Menschen in den ersten beiden Zuständen des Bewusstseins.

Die Menschen träumen nicht nur, wenn der physischen Körper schläft, sondern sie träumen weiter im sogenannten Wachzustand. Es ist sehr selten ein bewusstes menschliches Wesen zu finden, aber die Menschen glauben fest daran, dass sie bereits ein erwachtes Bewusstsein besitzen.

Es ist unmöglich, ein objektives Wissen zu erreichen, solange man das Selbstbewusstsein nicht erreicht hat. Die Menschen träumen ständig, sie träumen, während sie arbeiten, dennoch glauben sie irrtümlicherweise sie seien wach.

Während der physische Körper sich im normalen Schlafzustand befindet, wandert das Ego, gekleidet in den Körper der Begierde, durch die molekulare Welt wie ein Schlafwandler und träumt, und bei der Rückkehr zum physischen Körper und in den Wachzustand, fährt das Individuum fort zu träumen.

Wer sein Bewusstsein erweckt, träumt nicht länger, er lebt wach in den inneren Welten, während sein physischer Körper schläft. Im

Einklang mit dem Erwachen des Bewusstseins der Menschen wird das Sonnensystem Ors mehr und mehr erstrahlen. Das Sonnensystem Ors ist Adam Kadmon, der himmlische Mensch, der in der neunten Sphäre (die Sexualität) aus Wasser und Feuer geboren ist.

Das Sonnensystem Ors, der kosmische Mensch, muss sich vollkommen Selbsterwecken, von der kleinsten Zelle bis zum Menschen, um immer mehr und mehr zu erstrahlen.

4. Kapitel

Atomare Wissenschaft

Das Solarsystem Ors, in dem wir leben, uns bewegen und unser Dasein haben, ist im Grunde ein großes Molekül, das sich in diesem schwingenden und spiralförmigen Organismus der Milchstraße entwickelt und entfaltet.

Die verschiedenen wissenschaftlichen Auffassungen vom Atom sind im Grunde nur provisorisch. Die atomare Aufteilung bedeutet in keiner Weise absolutes Wissen über die Struktur des Atoms oder über den komplexen inneren Mechanismus der Moleküle, subatomaren Körper und Elektronen.

Die saturnische Auffassung von der atomaren Struktur ist sehr empirisch, jede wissenschaftliche oder höchst wissenschaftliche Meinung ist außerordentlich relativ und unbeständig.

Wir Gnostiker behaupten fest, dass es außer den Protonen, Elektronen, Neutronen, etc. noch viele andere Körperchen gibt, die der offiziellen Wissenschaft noch unbekannt sind.

Die Wissenschaftler teilen das Atom schon, um Nuklearenergie zu befreien, aber sie wissen eigentlich nichts über die innerkörperliche Struktur des Elektrons.

Im Licht, der von der gnostischen Bewegung in der Welt neu begonnenen Kultur können wir das Elektron als eine primäre Kristallisierung dessen betrachten, was die Inder Akasha nennen, das Rohmaterial des großen Werks, die eine Substanz, aus der durch verkettete Kristallisierungen die zahlreichen Substanzen, die verschiedenen Elemente der Natur entstehen.

Das Elektron ist zweifellos eine primäre und außergewöhnliche Kristallisierung supra-atomaren Charakters.

Jedes Atom, jedes Elektron, hat seinen Ursprung im lebendigen Busen des reinen Akasha, der ursprünglichen Substanz, dem Mulaprakti der Inder, dem Chaos, den universellen Samengewässern der Schöpfung, dem von allen weiblichen Gottheiten der alten Religionen symbolisierten ewig Weiblichen, der großen Mutter, Isis, Adonia, Insoberta, Rea, Cibeles, Vesta, Maria, Tonantzin, etc.

Diese ursprüngliche Substanz, dieses Akasha, dieses Rohmaterial des großen Werks, ist zweifellos die göttliche Mutter Isis, die anbetungswürdige Jungfrau aller alten Religionen, die immer voller Grazie waren.

Der Vater, der Erste Logos legte alle Würde seiner Liebe in sie.

Der Sohn, der Zweite Logos, legte die ganze Gnade seiner Liebe in sie. Der Heilige Geist, der Dritte Logos, legte alle Würde seiner feurigen Kraft in sie.

In Wirklichkeit gibt es im Universum nur ein einziges Grundmaterial, das, wenn es kristallisiert wird, den Namen Materie erhält, und wenn es nicht kristallisiert wird, wenn es in seinem Ausgangszustand bleibt, den Namen Heiliger Geist des Lebens erhält.

Sie beginnt die Kondensations- oder Kri stallisierungsvorgänge, wenn der Dritte Logos sie mittels der sexuellen Ehe des Wortes mit dem flammenden Feuer befruchtet. Sie bleibt während der kosmischen Nacht, während des großen Pralaya, wenn das existierende Universum nicht mehr existiert, in ihrem geschmackfreien, gehaltfreien, geruchfreien Schlaf.

Wenn das Feuer sie befruchtet, dringt der kosmische Christus, der Zweite Logos, in ihren Leib, ihren großen Leib, ein, und wird von und in ihr geboren, um sich in den Welten kreuzigen zu lassen. Deshalb wird sie immer mit dem Kind in ihren Armen dargestellt. Isis mit dem Kind Horus in den Armen, Maria mit dem Kind Gottes in den Armen, etc.

Im fruchtbaren Leib der großen Mutter entstehen mit dem Impuls des dritten Logos viele Kraftfelder, in denen sich die Wellen dessen, was wir Prä-Materie nennen, in Korpuskeln kondensieren.

Die modernen Wissenschaftler wissen nichts vom Mysterium des Atomkerns, der angeblich aus Protonen und Neutronen besteht; sie wissen nichts Genaues über die Nuklearversuche.

Jedes planetarische Material besteht wissenschaftlich gesehen aus wundervollen Atomen – da besteht kein Zweifel - es sind die kleinsten Teilchen der Elemente.

Jedes Atom ist ein wahres Universum in Miniatur. Jedes Atom ist eine Dreieinigkeit aus Materie, Energie und Bewusstsein.

Das Atom besteht aus einem Kern oder einer strahlenden Sonne, die positiv mit Elektrizität geladen ist, und um die sich unendlich kleine, negativ geladene Elektronen, glücklich tanzend, drehen.

Der Atomkern ist ähnlich in allen Materialien, ebenso das Elektron; die Elemente unterscheiden sich nur durch die Anzahl, der vom Nukleus festgehaltenen Elemente und durch die von ihrer Ladung hervorgerufenen Unterschiede.

Das Atom ist ein ganzes Solarsystem in Miniatur. Genau das, was die Sonne für das Solarsystem und das befruchtete Ei für den menschlichen Körper ist, stellt der Atomkern in Bezug auf das ganze atomare Universum dar. Man hat uns gesagt, dass der Durchmesser des Atomkerns ein Zehntausendstel des ganzen Atoms sein kann.

Und wie bei Jupiter und der Sonne, hat man uns gesagt, dass seine Elektronen ein Zehntel des Durchmessers des Nukleus haben können; auf diese Weise kreisen die Elektronen in einem ungeheuer großen Raum, so groß und tief wie der, der den Planeten Erde und die anderen Planeten des Sonnensystems Ors umgibt.

Die Natur hat viele Elemente und diese katalogisieren sich jetzt anhand der Anzahl von Elektronen von 1 bis 96. Der Wasserstoff mit einem Elektron hat eine Atomnummer: 1; Helium mit 2 Elektronen: 2; etc. Mit zwei Ausnahmen sind alle im Leib der großen Mutter entstandenen Elemente im Grunde verschiedene Kristallisierungen der ursprünglichen Materie.

Es gibt in der Natur sieben grundlegende Dichtekategorien unter den verschiedenen Elementen. Jedes Element wird sexuell von jenem angezogen, das eine ergänzende Anzahl von Elektronen hat. So neigt das Natrium mit einem überflüssigen Elektron sexuell zum Chlor, denn diesem fehlt eines, um Salz zu formen.

Hier haben wir die Sexualität ... Hier haben wir das Männchen und das Weibchen der Elemente, die sich in der Natur sexuell vereinigen.

Das positive Metall wird unwiderstehlich dazu getrieben, sich sexuell mit einem negativen Metall zu verbinden, in einem genauen Verhältnis zu seinem Gegensatz. Das ist ein außergewöhnlicher platonischer Parallelismus von Zwillingsseelen, die ihre ergänzende Hälfte, von der sie in der ersten Schöpfung getrennt wurden, suchen.

Das aktive Element in der christlichen Sonne ist zweifellos der Wasserstoff in einer unendlichen Menge. Das Atom des Wasserstoffs besitzt nur ein Elektron, das sich um seinen Kern dreht.

Das Atom des Wasserstoffs befindet sich an der Grenze zwischen der Materie im Molekularzustand und der Materie im elektronischen Zustand. Der folgende Zustand der Verfeinerung des Wasserstoffs entspricht den freien Elektronen, dem Licht, magnetischen Wellen, spirituellen Zuständen.

Um ein Heliumatom und zwei Sonnenstrahlen zu schaffen, müssen vier Wasserstoffatome verbraucht werden. Die sexuelle Energie des dritten Logos geht erstaunlicherweise vom Zentrum des Atoms und der ganzen Galaxie und des ganzen Sonnensystems aus und verbindet entgegengesetzte Pole für neue Kreationen.

Die Wasserstoffatome ergänzen sich mit den Kohlenstoffatomen, um die Entwicklung des Lichts zu beginnen. Die maskulinen Atome des Wasserstoffs mit nur einem Elektron bombardieren die femininen Kohlenstoffatome mit sechs Elektronen, um die Stickstoffatome mit sieben Elektronen zu schaffen.

Die Stickstoffatome verwandeln sich bei der sexuellen Vereinigung mit neuen Wasserstoffatomen in leichte Wasserstoffatome. Wenn ein leichtes Wasserstoffatom sich in seiner vollsten Kraft befindet, entflieht ihm ein freies Elektron und eine bestimmte Menge von Energie.

Das Ergebnis ist dann ein schweres Stickstoffatom, das erneut sexuell von dem Wasserstoff bombardiert wird. Diesmal entsteht jedoch ein anderes Resultat. Das Wasserstoffatom selbst fängt eines der Stickstoffatome, um ein Heliumatom mit zwei Elektronen zu formen, sodass das Stickstoffatom mit sieben Elektronen zu dem Kohlenstoffatom mit sechs Elektronen reduziert wird, mit dem wir angefangen haben. Schließlich ist das Ende immer so wie der Anfang einschließlich der Erfahrung des Kreislaufs. Das ist das Gesetz.

So schließt sich dieser sexuelle Kreislauf des Kohlenstoffs. Das Sonnenlicht wird sexuell in der neunten Sphäre (die Sexualität) erzeugt. Das große Sonnenlicht ist das chemische und mathematische Ergebnis verschiedener sexueller atomarer Prozesse des Kohlenstoffs.

Die Wasserstoffatome formen eine Brücke zwischen dem universellen Lebensgeist und der Materie verschiedener Dichte. Die Kombination von Wasserstoffatomen und Atomen verschiedener Substanzen, die bereits auf der Erde existieren, gibt allen bekannten Lebensformen einen Platz.

Die Teilung des Atoms, die nuklearen Explosionen, befreien im Abgrund versunkene Materien, neue, schreckliche atomare Elemente: Neptunium (93), Plutonium (94), Americium (95 und Curium (96).

Diese höllischen Arten von atomaren Substanzen entspringen bei den atomaren Explosionen aus dem Abgrund und ziehen bestimmte, schrecklich monströse psychologische Eigenschaften auf die Oberfläche der Erde und in die Mentalität der Menschen.

Die Zerteilung des Atoms ist eine Blasphemie, ein wissenschaftlicher Wahnsinn, der dieser gepeinigten Welt nicht nur physischen Schaden bringt, sondern auch mentale, psychische Ungeheuerlichkeiten und schreckliche Abscheulichkeiten teuflischster Art.

Wenn der Mensch die solare Energie besser studieren würde und lernen würde, sie auf intelligente Weise zu nutzen, würde der flüssige Brennstoff abgeschafft und die Eroberung des Weltraums wäre eine Tatsache - vorausgesetzt, der Mensch würde sich richtig verhalten.

Wo ein Sonnenstrahl hinkommen kann, kommt auch der Mensch hin. Die solare Energie ist Millionen mal stärker als die atomare Energie. Dieses große Molekül, dieses Sonnensystem Ors, funktioniert wunderbar dank der gewaltigen Macht der Sonnenenergie.

5. Kapitel

Die neunte Sphäre

Die Erde ist ein großartiger Organismus voller intensiver kosmischer Vitalität. Auf der Oberfläche der Erde existieren riesige Berge, in denen die Gnome glücklich hausen, sowie Sand und Erde. Das Innere des planetarischen Organismus ist für die offizielle Wissenschaft unbekannt, tatsächlich wissen die Wissenschafter sehr wenig über das Innere unserer Welt. Es heißt, dass die Temperatur proportional im Verhältnis zur Tiefe um 12 °C, steigt.

Die Wellen, im Inneren des planetarischen Organismus, die von Erdbeben verursacht werden, verhalten sich, als ob sie sich in Flüssigkeit bewegen würden, aber wenn sie näher zur Oberfläche gelangen verhalten sie sich, als ob sie einen festen Körper durchdringen würden.

Der Erdmantel scheint eine Kruste von 50 oder 60 km Dicke zu sein. Auf dieser wunderbaren Kruste finden wir Mineralien, Erde, Sand und Wasser.

Unter dieser wunderbaren Kruste, auf der sich die ganze Geschichte der Menschheit entwickelt hat, existiert noch eine weitere, 3.500 m dicke Schicht, die sich zusammensetzt aus Magnesium, Sauerstoff und Silizium, die eine andere Art von massivem Stein bilden.

Zurzeit können die Wissenschaftler nichts über den Kern der Erde wissen, sie vermuten nur, dass seine Dichte und Temperatur sehr hoch sind und dass er ungefähr einen Durchmesser von 6.500 Kilometer hat.

Vom esoterischen Standpunkt aus gesehen, hat die Erde neun Schichten und in der Neunten befindet sich das Symbol der Unendlichkeit. Es ist wichtig zu wissen, dass das heilige Symbol der Unendlichkeit sich im Herzen der Erde, in ihrem lebenden Kern, befindet und die Form einer liegenden Acht besitzt.

In der heiligen Acht, Zeichen der Unendlichkeit, finden wir in symbolischer Weise das Gehirn, das Herz und die Sexualität des Genius der Erde. Die zwei gegenüberliegenden Kreise der heiligen Acht symbolisieren den Verstand und die Sexualität. Das Zentrum der heiligen Acht ist der symbolische Sitz des Herzens.

Der Kampf ist fürchterlich, Verstand gegen Sexualität, Sexualität gegen Verstand und was am schrecklichsten und bittersten ist, ist der des Herzens gegen das Herz. Alle organisierten Wesen, die auf der Oberfläche der Erde leben, sind entsprechend dieses Symboles strukturiert.

Im Zentrum der heiligen Acht, existiert ein zentrales Atom, um das die zwölf Sphären der kosmischen Vibration, zwischen denen sich eine solare Menschheit entwickeln muss, kreisen. Der Fötus verweilt neun Monate im mütterlichen Leib, und neun Zeitalter sind für die Geburt einer planetarischen Menschheit notwendig.

Die neunte Sphäre ist die Sexualität. In der neunten Sphäre finden wir Feuer und Wasser, Ursprung von Welten, Bestien, Menschen und Göttern. Jede authentische weiße Initiation beginnt dort.

In der neunten Sphäre befindet sich die entfachte Schmiede von Vulkanus, dorthin steigt Mars hinunter um sein Schwert zu stählen und so das Herz von Venus zu erobern, Herkules um die Ställe des Augias zu reinigen und Perseus, um mit seinem flammenden Schwert den Kopf der Medusa abzutrennen.

Seit den antiken Zeiten ist der Abstieg in die neunte Sphäre die größte Probe für die höchste Würde des Hierofanten, für Buddha, Hermes, Jesus, Krishna, Dante, Zarathustra, Quetzalcoatl, Mohammed, Moses etc. Das Symbol der Unendlichkeit ist ein esoterisches Symbol, das nur durch Esoterismus verstanden werden kann. Große Eingeweihte sagen, dass dieses Symbol aus purem Gold ist, und sich genau im Zentrum der Erde, in der neunten Sphäre, befindet.

In Wahrheit befinden sich im Inneren der lebendigen Erde die größte Helligkeit und die tiefste Dunkelheit. Wir müssen die drei Aspekte des Inneren der Erde verstehen:

Erster Aspekt: Minerale, Feuer, Wasser, usw.

Zweiter Aspekt: esoterische ultraviolette Zone.

Dritter Aspekt: infrarote finstere Zone.

Die unterirdischen Schichten der Erde repräsentieren das Königreich der Minerale (Lithosphäre) und das Königreich der Metalle (Barysphäre), die ein Herz von unglaublicher Dichte und Trägheit umhüllen.

In den Dimensionen des höheren Raumes innerhalb des planetarischen Organismus befinden sich neun konzentrische, höhere Sphären, wie erhabene, unaussprechliche, von Elementarwesen, Meister, Devas, usw. bewohnte Regionen.

In den Dimensionen des unteren, infraroten Raumes, existieren, in Form von konzentrischen Sphären, die höllischen Welten mit zunehmender Dichte, die uns in Anlehnung an Dante, *zur Mitte, in dem Punkt wo sich alle schweren Substanzen vereinen ... der Punkt, von dem jede schwere Substanz von überall angezogen wird,* führt.

Das ist das Zentrum des Herzens der Erde, wo sich die höchste Dichte und Schwerkraft befindet, der Hauptsitz von Satan, die Hölle. Dort, wo das Licht am hellsten strahlt, befindet sich auch die dichteste Dunkelheit. Das ist das Gesetz der Entsprechung der Gegensätze.

Im Zentrum des Herzens der Erde befindet sich der Sitz von Satan und der Tempel des Genius der Erde, das Symbol der Unendlichkeit und die Engel und Dämonen im ewigen Kampf.

Der Kern der Erde hat drei Regionen:

Erstens: die Physische,

Zweitens: Ultraviolette Regionen,

Drittens: Infrarote Regionen.

Die neunte Sphäre (die Sexualität) im Zentrum der Erde und im Menschen ist das Schlachtfeld zwischen den Kräften des Lichtes und den Kräften der Dunkelheit. Der geheime Schlüssel, der uns erlaubt in die neunte Sphäre einzutreten, ist das Arkanum A.Z.F; das Sahaja Maithuna.

Erinnern wir uns, dass das Symbol von Shiva, dem Dritten Logos, immer ein schwarzer Lingam eingeführt in die Yoni ist. Das Wichtigste ist während der sexuellen Trance das Ens Seminis nicht zu verlieren, weil sich im Ens Seminis das ganze Ens Virtutis des Feuers befindet.

Das Arkanum A.Z.F. ist der Schlüssel, der uns erlaubt die neunte Tür zu öffnen.

6. Kapitel
Die sexuelle Energie

Die Sexualität hat einen Kreislauf von 84 Jahren und wird vom Planeten Uranus regiert. Die Nord- und Südpole von Uranus zeigen abwechselnd zur Sonne. Diese Pole sind die entscheidenden Faktoren des wunderbaren Zyklus von 84 Jahren der menschlichen Spezies.

Wenn der positive oder maskuline Pol von Uranus zur Sonne zeigt, überwiegt der maskuline Impuls auf der Erde. Wenn der negative oder feminine Pol zur Sonne zeigt, überwiegt der feminine Impuls auf der Erde. 42 Jahre lang überwiegt das männliche Geschlecht und 42 Jahre lang regiert das weibliche Geschlecht.

Die Geschichte der Piraterie, das Zeitalter der Isabella, der maskulinen Entfaltung, der ritterlichen Abenteuer, das alles repräsentiert den maskulinen sexuellen Zyklus. In diesem Jahr 1965, in dem sich die Frauen ausziehen, vorherrschen, befehlen, anklagen, zeigt sich deutlich der feminine sexuelle Zyklus.

Der Mann oder die Frau im reifen Alter leben tatsächlich in einer sexuellen Atmosphäre, die völlig gegensätzlich zu der ihrer Geburt ist. Diese Atmosphäre ist sehr anregend, das erklärt genau, warum die sexuellen Gefühle mit vierzig oft viel stärker und reicher sind als mit dreißig.

Die Sexualität an sich sollte die höchste schöpferische Funktion sein. Unglücklicherweise regiert die Ignoranz, und die Menschheit ist weit davon entfernt, die großen sexuellen Mysterien zu verstehen.

Wenn wir das Buch der Himmel, den wunderbaren Tierkreis, studieren, werden wir verstehen, dass das neue Wassermannzeitalter vom Sternzeichen Wassermann, dem Wasserträger, regiert wird. Das Symbol des Wassermanns ist eine Frau mit zwei Gefäßen voller Wasser; sie versucht das Wasser der beiden Gefäße auf intelligente Weise zu mischen. Dieses Symbol erinnert uns an die sexuelle Alchemie.

Wenn im Fischzeitalter die Menschen Sklaven ihre sexuellen Instinkte waren, symbolisiert durch die beiden Fische in den Wassern des Lebens, so müssen die Menschen im Wassermannzeitalter lernen die Wasser des Lebens intelligent zu mischen, sie müssen lernen die sexuellen Kräfte umzuwandeln.

Wassermann wird von Uranus regiert, dem Planeten, der die sexuellen Funktionen steuert. Es erweist sich als unstimmig und absurd, dass einige einzelne Individuen und bestimmte pseudo-esoterische Schulen das Maithuna (die sexuelle Magie) ablehnen und trotzdem den Anspruch erheben das neue Zeitalter einzuleiten.

Uranus ist hundert prozentig sexuell und im neuen Zeitalter, das von diesem Planeten regiert wird, sollte das menschliche Wesen die Mysterien der Sexualität von Grund auf kennen. Maithuna (Sexuelle Magie) abzulehnen, bedeutet in der Tat sich gegen das Zeichen des Wassermann, regiert von Uranus, dem König der Sexualität, auszusprechen.

Man sollte nicht vergessen, dass die subtilste, kraftvollste und reinste Energie, die durch den menschlichen Organismus wunderbar erzeugt und geleitet wird, die sexuelle Energie ist. Wenn wir die erstaunliche Kraft der sexuellen Energie gründlich analysieren, kommen wir zu dem Schluss, dass sie außergewöhnlich flüchtig und sehr schwer zu bewahren und kontrollieren ist.

Die sexuelle Energie ist wie ein Depot mit Dynamit, ihre Gegenwart bedeutet eine wunderbare Quelle von schrecklicher Potenz und auch die konstante Gefahr einer katastrophalen Explosion.

Die sexuelle Energie hat ihr eigenes Kreislaufsystem, ihr eigenes organisiertes elektrisches System. Wenn die sexuelle Energie in den Mechanismus von anderen Funktionen eindringt, kann sie große Explosionen, schreckliche biologische, physiologische und psychische Katastrophen auslösen.

Gewalttätige und destruktive Manifestationen der sexuellen Energie stammen von bestimmten negativen psychologischen Einstellungen zur Sexualität im Allgemeinen.

Misstrauen, Angst vor der Sexualität, sexuelle Vorurteile, zynische, brutale oder obszöne Gefühle gegenüber der Sexualität, usw., blockieren die Kanäle, durch die die sexuelle Energie fließt, und daraufhin weicht sie ab und dringt in andere Kanäle, Systeme und Funktionen ein, wo sie fürchterliche Katastrophen verursacht.

Die Art dieser Katastrophen kann viele Facetten haben. Manchmal hat sie feurige Aspekte, die mit leidenschaftlichem Zorn entflammen, oder auch mit der Bitternis von schädlichen Antworten, mit Worten, die verletzen, gewalttätigen Beschuldigungen, usw. All das und

Tausende von ekelhaften Angelegenheiten der menschlichen Spezies sind das Ergebnis der Infiltration der sexuellen Energie in verschieden Kanäle und Funktionen.

Personen, die ihre sexuellen Energien in krankhaften sexuellen Konversationen verschwenden, pornografische Filme sehen oder unsittliche Bücher lesen, werden impotent.

Personen, die ihre Zeit mit elendiglichem Nachdenken über den Sexualakt verbringen, ohne den Sexualakt zu vollziehen, werden impotent. Wenn sie dann tatsächlich, weit entfernt von allen Gedanken, den Sexualaktes vollziehen wollen, werden sie versagen.

Wenn die Vorstellungskraft und die Gedanken falsch benutzt werden, führt das zu einer psychosexuellen Impotenz. Die krankhafte Vorstellungskraft, die falsche Nutzung der Vorstellungskraft, erschöpft die sexuelle Energie, und wenn das Individuum den Akt vollziehen will, scheitert es, ist es impotent.

Das übermäßige Nachdenken über die Sexualität führt zur Impotenz. Jene, die den Sexualakt nur analysieren, ohne ihn zu vollziehen, werden, wenn sie ihn tatsächlich vollziehen wollen, eine schreckliche Überraschung erleben, sie sind unfähig, sie sind impotent.

Wenn sie diesen Abschnitt des Kapitels erreichen, dürfen unsere Leser sich nicht erschrecken.

Die Mysterien der Sexualität zu studieren ist dringend notwendig, aber der Missbrauch von sexuellen Gedanken, ohne den tatsächlichen sexuellen Akt, über eine lange Zeit, führt zu psychosexueller Impotenz.

Es gibt die Unter- und die Infra-Vorstellungskraft. Jede Person kann, wenn sie es wünscht, Personen des anderen Geschlechtes mit Reinheit betrachten, aber die Unter- und die Infra-Vorstellungskraft können uns in tieferen Regionen des Verstandes betrügen und zu einem Geschlechtsakt in anderen Bewusstseinszuständen, führen. Das Ergebnis sind nächtliche Pollutionen mit großem Verlust von Samenflüssigkeit.

Ständig erhalten wir in diesem patriachalischen Sitz der gnostischen Bewegung, in Mexiko City, viele Briefe von Personen, die sich über erotische Träume, begleitet von nächtlichen Pollutionen, beklagen. Wir empfehlen diesen Personen immer das Maithuna, die sexuelle

Magie, A.Z.F. (sexuelle Vereinigung ohne Ejakulation des Samens), als einzige Abhilfe gegen die nächtlichen Pollutionen.

Mit dem täglichen Praktizieren des Maithuna gewöhnt sich das menschliche Wesen daran, den Sexualakt zu zügeln, um den Verlust von Samen zu vermeiden. Es ist klar, dass das menschliche Wesen sich durch tägliches Praktizieren von Maithuna daran gewöhnt sich beim Sexualakt zurückzuhalten, um das Ausschütten des Samens zu verhindern.

Das Ergebnis ist, dass die Person sich an diese Überanstrengung gewöhnt und wenn sie vom sexuellen Akt träumt, wird sie sich aus Gewohnheit, aus Instinkt, zurückhalten, um das Vergießen der Samenflüssigkeit zu vermeiden, somit wird die Pollution verhindert.

Die Sexualität und die Vorstellungskraft sind innigst verbunden. Es ist unmöglich die vollkommene Keuschheit zu erreichen, wenn wir die Vorstellungskraft nicht in einen reinen Spiegel ohne den kleinsten Fleck, umwandeln.

Es ist dringend notwendig, die mechanische und krankhafte Sub-Vorstellungskraft und die automatische und lüsterne Infra-Vorstellungskraft in die Vorstellungskraft eines neugeborenen Kindes umzuwandeln. Diese Art von Umwandlung ist nur mit einer speziellen Hilfe der heiligen Mutter Kundalini, der feurigen Schlange unserer magischen Kräfte, möglich.

Es ist dringend notwendig, dass wir zu beten und zu flehen wissen zur heiligen Schlange und sie um das Wunder der Umwandlung der subjektiven und mechanischen Vorstellungskraft in die Vorstellungskraft eines neugeborenen Kindes, bitten.

Nur sie, die göttliche Mutter, die heilige Schlange, kann die krankhafte Sub-Vorstellungskraft und die bestialische Infra-Vorstellungskraft in die unschuldige Vorstellungskraft eines neugeborenen Kindes umwandeln.

Ein kleines Kind kann eine wunderschöne nackte Frau in einer reinen und vollkommenen Art und Weise betrachten, ohne das geringste Gefühl der Lüsternheit. Tatsache ist, solange man nicht wie ein unschuldiges Kind ist, erweist es sich als unmöglich in das Reich des Esoterismus einzutreten.

In der physischen Welt haben manche Menschen die perfekte Keuschheit erreicht und können sich den Luxus erlauben, den nackten

Körper einer Person des anderen Geschlechtes zu betrachten, ohne irgendein Gefühl der Lüsternheit zu spüren.

Es ist klar, dass diese außergewöhnlichen Personen glauben, dass sie die absolute Keuschheit in den anderen unterbewussten Bereichen des Verstandes erreicht haben, ohne im Geringsten zu ahnen, dass die Sub-Vorstellungskraft und die subjektive und mechanische Infra-Vorstellungskraft sie jenseits der Grenze der intellektuellen Sphäre, verrät.

Diese außergewöhnlichen Personen können eine reine Vorstellungskraft haben, aber sie ignorieren, dass die Sub-Vorstellungskraft und die Infra-Vorstellungskraft sich als entsetzlich unkeusch in, für ihren Verstand und Intellekt, unbekannten Gebieten, erweisen.

Wenn diese Personen in den höheren Welten oder in den Unterwelten der Natur auf die Probe gestellt werden, wenn man sie in verschiedene infrabewusste oder unterbewusste Zustände und Zeiten versetzt, scheitern sie bedauerlicherweise.

Viele Personen schreiben uns und bitten um ein Heilmittel gegen die nächtlichen Pollutionen. Wir empfehlen diesen kranken Personen immer die Sexualmagie, das Maithuna. Diejenigen, die sich an die Zurückhaltung beim sexuellen Akt gewöhnen, um die Samenflüssigkeit nicht zu verlieren, werden von den nächtlichen Pollutionen geheilt.

Die krankhaften, lüsternen Träume sind zurückzuführen auf die mechanische Sub-Vorstellungskraft und die erotische und automatische Infra-Vorstellungskraft.

Wenn wir den Fernsehapparat einschalten, laufen automatisch viele Szenen, Bilder, Figuren vor dem Auge des Betrachters ab. Die Vorstellungskraft ist wie ein Fernsehbildschirm, jeder sexuelle Eindruck setzt sie in Bewegung, nicht nur in der intellektuellen Sphäre, sondern auch in den anderen tieferen Gebieten des Verstandes.

Jeder Träumer in den inneren Welten kann durch krankhafte Darstellungen angegriffen werden. Diese Darstellungen erzeugen erotische Träume und nächtliche Pollutionen. Wenn der Träumer an die Zurückhaltung beim sexuellen Akt gewöhnt ist, wird in diesen Fall der erotische Traum stattfinden, aber nicht die nächtlichen Pollutionen. Wenn der Träumer die Sub-Vorstellungskraft und die Infra-Vorstellungskraft in die Vorstellungskraft eines unschuldigen Kindes umgewandelt hat, werden folglich die erotischen Träume unmöglich, sie verschwinden ganz und gar, total und definitiv.

Wenn irgendein esoterischer Student entsetzlichen sexuellen Proben in den inneren Welten unterzogen wird, ohne vorher über einen längeren Zeitraum die tägliche Sexualmagie vollzogen zu haben, wird er bedauerlicherweise scheitern, da er seine Samenflüssigkeit in nächtlichen Pollutionen verliert. Ohne die Sexualmagie, ohne das Maithuna, A.Z.F., ist es unmöglich, auf dem Einweihungsweg voranzuschreiten.

Wenn die Sexualmagie zentrifugal ist, wenn sie von innen nach außen fließt, ist das Ergebnis Entladungen von Samenflüssigkeit, die nächtlichen Pollutionen. Mit dem Maithuna, dem Arkanum A.Z.F., der Sexualmagie, kehren die verschiedenen Ströme der sexuellen Energie ihre Richtung um, sie werden zentripetal, fließen also von außen nach innen.

Die Entladungen der Samenflüssigkeit, die nächtlichen Pollutionen, sind vollkommen unmöglich, wenn die sexuelle Energie von außen nach innen fließt. Die sexuelle Energie enthält in sich, in einem höheren molekularen Niveau, das universale Siegel oder das kosmische Zeichen des wahren Menschen. Dieses Zeichen können wir in jedem von uns kristallisieren durch die Sexualmagie. Wer sich von Grund auf Selbstverwirklichen will, muss in die neunte Sphäre hinabsteigen und mit dem Feuer und dem Wasser, Ursprung von Welten, Bestien, Menschen und Göttern, arbeiten. Jede authentische weiße Einweihung beginnt dort.

Es existiert eine enge Beziehung zwischen der sexuellen Energie und der Vorstellungskraft. Die sexuelle Energie ist das Fundament der inneren Selbstverwirklichung.

Die Eingeweihten, die auf dem Weg des Messers Schneide schreiten, sind vielen sexuellen Proben in den infra-bewussten, unbewussten, menschlichen, sub-menschlichen, infra-menschlichen Welten, unterworfen. Wenn der Eingeweihte die krankhafte Sub-Vorstellungskraft und die mechanische und erotische Infra-Vorstellungskraft nicht in die Vorstellungskraft eines neugeborenen Kindes umwandelt, wird er unweigerlich in allen sexuellen Proben scheitern.

Es ist notwendig zu wissen, dass die Eingeweihten, in den inneren Welten, in andere Zeiten, Orte, Situationen und sub-menschliche, infra-menschliche, unterschiedliche, verschiedenartige Bewusstseinszustände versetzt werden, wobei sie sich nicht im Entferntesten an ihre Studien, den Weg, usw., erinnern können.

Jetzt werden unsere Leser die Notwendigkeit verstehen, die Sub-Vorstellungskraft und die Infra-Vorstellungskraft in bewusste Vorstellungskraft, objektiv und rein wie die eines neugeborenen Kindes, umzuwandeln. Nun werden unsere Leser die enge Verbindung verstehen, die zwischen Sexualität und Vorstellungskraft existiert. Die sexuelle Energie kann den Menschen in einen Engel oder in eine Bestie verwandeln.

In der westlichen Welt gibt es viele Menschen, die Sexualmagie leidenschaftlich hassen. Diese Leute rechtfertigen ihren absurden Hass auf vielfältige Weise. Sie sagen, dass Maithuna, sexuelle Magie, wahrscheinlich nur für die Orientalen ist, und wir, die Westlichen nicht bereit dafür sind. Solche Leute behaupten, dass das Einzige was aus dieser Lehre, dem sexuellen Yoga, hervorgeht, eine Ausbeute schwarzer Magier ist.

Das Interessante daran ist, dass diese reaktionären, konservativen, rückständigen, stagnierenden Personen, kein einziges Wort gegen die Fornikation, gegen den Ehebruch, gegen die Prostitution, gegen die Homosexualität, Päderastie, Masturbation, usw., usw. sagen. All das erscheint ihnen sehr normal und sie sehen keinen Nachteil darin, die sexuelle Energie auf elendigliche Weise zu verschwenden.

Den unwissenden Fornikariern des reaktionären Pseudo-Okkultismus ist die geheime Doktrin des Erlösers der Welt, der christliche Esoterismus, völlig unbekannt.

Die Pseudo-Esoteriker und Pseudo-Okkultisten ignorieren, dass die urtümlichen gnostischen christlichen Sekten das Maithuna, die sexuelle Magie, praktizierten. Das Maithuna wurde immer in allen antiken Schulen der westlichen Mysterien gelehrt.

Das Maithuna war bekannt als Teil der Mysterien der Templer, Azteken, Mayas, Inkas, Chibchas, Zapoteken, Araukanias, Tolteken, der Mysterien von Eleusis, der Mysterien von Rom, Mythra, Karthago, Tyrus, der Mysterien der Kelten, Phönizier, Ägypter, Druiden und in allen geheimen urtümlichen christlichen Sekten, wie der Sekte der Essener, die ihr Kloster an der Küste des Toten Meeres hatten, und deren herausragendstes Mitglied der göttliche Rabbi aus Galiläa war.

Das Maithuna, die Sexualmagie ist universell. Es ist bekannt als Teil der Mysterien des Nordens und des Südens, des Ostens und des Westens, aber die reaktionären, regressiven und in die Fornikation gefallenen Pseudo-Okkultisten weisen es gewaltsam zurück.

Der grundlegende Stein der authentischen und legitimen Mysterien-Schule ist das Maithuna, das Arkanum A.Z.F, die Sexualmagie.

7. Kapitel
Die Anziehung der Gegensätze

Die sexuelle Energie des dritten Logos harmonisiert alle Funktionen des menschlichen Organismus auf hervorragende Art. Die sexuelle Energie ist nicht nur perfekt in sich selbst, sondern strebt auch Perfektion in allem, was existiert an.

Die sexuale Energie erschafft Einigung und Harmonie zwischen allen und jeder einzelnen der spezifischen Funktionen des menschlichen Organismus. Die sexuelle Energie arbeitet im wunderbaren Laboratorium des menschlichen Organismus, mit der Absicht ihm die höchste Leistungsfähigkeit und Harmonie zu verleihen.

Die schöpferische Energie des dritten Logos versucht immer jede einzelne der wunderbaren physiologischen, psychosomatischen und spirituellen Funktionen des menschlichen Wesens, auf perfekte Weise zu vervollkommnen. Die schöpferische Energie des dritten Logos ergänzt, korrigiert Fehler und vervollständigt das Werk.

Wenn wir den Mann an sich als ein halbes Wesen und die Frau als seine andere Hälfte betrachten, kommen wir durch logische Schlussfolgerung zur liebenden Anziehung der Gegensätze. Die Seelen suchen durstig nach Liebe, immer nach ihrer anderen Hälfte, der Zwillingsseele, von der sie seit der Morgenröte der Schöpfung getrennt sind.

Wir brauchen auf der Straße des Lebens immer das andere Wesen, das uns erfüllt, das mit vollkommener Genauigkeit das, was uns fehlt, ergänzen kann, nicht nur im Physiologischen, sondern auch im Psychosomatischen und Spirituellen. Jede unserer physischen und psychischen Funktionen braucht eine menschliche Ergänzung, das ist eine natürliche Notwendigkeit jedes lebenden Wesens.

Die beiderseitige Kombination der Elemente der Natur, die chemischen Hochzeiten, die sexuelle Kombination von gegensätzlichen Elementen, um ein perfektes Ganzes zu erreichen, bilden die lebendige Grundlage von allem, was ist, von allem, was war und von allem, was sein wird. Es ist bewiesen, dass die chemischen Elemente sich anziehen und liebevoll vereinen, gemäß der entsprechenden Zahl von Elektronen.

Jeder Chemiker weiß sehr gut durch Beobachtung und Erfahrung, dass, um die perfekte Hülle durch eine bestimmte Anzahl von

Elektronen zu bilden, das Natrium mit einem freien Elektron sich sexuell mit dem Chlor, dem ein Elektron fehlt, verbindet. Das Erstaunliche an all dem, das Wunderbare, ist, dass das Natrium mit seinem freien Elektron sich nie im Leben mit anderen Alkali gleicher Zusammensetzung verbinden könnte. In der Tiefe all diese Herrlichkeiten, all dieser Wunder der Liebe, finden wir die Hochzeit der Elemente und den Grundstein, auf den sich die ganze Chemie stützt.

Ohne Übertreibung können wir bestätigen, dass das gleiche Prinzip der sexuellen Anziehung der Gegensätze, immer und ohne jede Ausnahme auf die Anziehung und Ehe von Männern und Frauen anwendbar ist. Jede organische und physische Funktion will immer vervollständigt werden, und das Gefühl von Gleichgültigkeit, Gegensätzlichkeit oder Abscheu zwischen Mann und Frau ist das genaue Ergebnis einer außergewöhnlich schnellen und feinsinnigen Kalkulationen, die in Stille vollzogen wird. Der sexuelle Sinn, der schneller ist als der Gedanke, macht erstaunliche Berechnungen und weiß mit mathematischer Genauigkeit, ob die Person des anderen Geschlechts, der wir gegenüberstehen, all die wechselseitigen notwendigen Faktoren hat, um uns zu ergänzen.

Innerhalb des menschlichen Organismus arbeiten die verschiedenen Drüsen und ihre Systeme und zugehörigen Funktionen paarweise, manche kontrollieren die männlichen Aspekte, andere kontrollieren die weiblichen Funktionen.

Es gibt eine wunderbare Wechselbeziehung von chemischen Substanzen zwischen den männlichen und weiblichen Drüsen.

Der zweifache männlich-weibliche Aspekt der Hypophyse ist sehr erstaunlich. Jeder Wissenschaftler weiß sehr gut, dass der vordere Lappen der Hypophyse männlich ist und der hintere weiblich. Im menschlichen Organismus koordinieren die männlichen und weiblichen Drüsen auf harmonische Weise alle biologischen Funktionen.

Venus und Mars kontrollieren die Zirbeldrüse und die Hirnanhangdrüse. Während Venus in der Hirnanhangsdrüse schlafen möchte, will Mars in der Zirbeldrüse weiter kämpfen. Im Nacken wiederholt sich der gleiche Kampf zwischen Venus und Mars. Venus kontrolliert die Schilddrüsen und Mars kontrolliert die Nebenschilddrüsen. Die Oberfläche und das Mark der Nebenniere repräsentieren immer die männlichen und weiblichen Gegenstücke, die zu Konflikten und Ausflüchten führen. Die Vereinigung von männlichen und weiblichen sexuellen Elementen in jeder Drüse des menschlichen Körpers wird auf weise Art in den Bildern des tibetischen Tantrismus symbolisiert, wo jeder Gott von einer Göttin oder weiblichen Shakti begleitet wird.

Die Tragödien der Welt sind schrecklich und alle Männer und alle Frauen suchen ab dem vierzehnten Lebensjahr ihre sexuelle Ergänzung. Ein Mann kann in einer Frau seine Ergänzung für eine bestimmte Funktion finden, aber es kann der Fall sein, dass er nur mit einer anderen Frau seine Ergänzung für sein grundlegendes Schwerkraftzentrum findet.

Die Frau ist hier keine Ausnahme und das erklärt besser die tragischen sexuellen Gründe der berühmten Dreiecksbeziehungen, die immer mit Scheidung oder mit Schüssen enden. Nur mit Tugendhaftigkeit, nur indem wir das christliche Gebot, nicht Ehezubrechen, erfüllen, hören diese verhängnisvollen Dreiecksbeziehungen auf zu existieren.

Das Ideal in der Liebe ist die andere Hälfte, die bessere Hälfte, die Zwillingsseele zu finden. Nur die vollkommene und perfekte Ergänzung kann uns unerschöpfliche Glückseligkeit geben. Unglücklicherweise ist es zu viel verlangt, wir verdienen es nicht, wir haben alle sehr viel Karma.

Im ehelichen Leben hat es sich herausgestellt, dass manchmal der Mann führt und andere Male die Frau. In allen Heimen gibt es einen der führt und einen der geführt wird, man darf das nicht mit Befehlen und befehligt werden verwechseln.

Astrologisch gesprochen sagen wir, dass Venus den Mond führen soll, Merkur die Venus, Saturn den Merkur, Mars den Saturn, Jupiter den Mars, der Mond den Jupiter.

Darum ist es wichtig zu wissen, welcher Stern unser Leben regiert. Diese weisen astrologischen Kombinationen, wie wir sie hier geben, bedeuten gegenseitige Anziehung und vollkommene sexuelle Ergänzung. Jede andere Art von sexuellen Verbindungen außerhalb dieser Ordnung erweist sich als absurd und sogar ungesetzlich, weil sie die sexuelle Natur der Interessenten verletzt, indem sie ihnen tiefe psychische Wunden zufügt, die sehr schwer heilen.

Der Merkur-Mann, der die schöne Venus-Frau, wegen der Liebe und Süße die sie ausstrahlt, verehrt, kann sie aus ihrer romantischen Bequemlichkeit herausholen und ihr die merkurhafte Schnelligkeit geben, die sie braucht. Die Jupiter-Frau, wahnsinnig verliebt in den Mars-Mann, kann seine Gewalttätigkeit auslöschen und seine Energie in aufbauende Bahnen leiten. Die Anziehung der Gegensätze hat ihren Ursprung in einem göttlichen, unaussprechlichen kosmischen Modell.

Der Mond-Typ wendet sich immer zum Venus-Typ, der Venus-Typ wendet sich zum Merkur-Typ, der Merkur-Typ wendet sich zum Saturn-Typ, der Saturn-Typ wendet sich zum Mars-Typ, der Mars-Typ wendet sich zum Jupiter-Typ, der Jupiter-Typ schließt den Kreis und wendet sich zum Mond-Typ.

Basierend auf diesen wunderbaren kosmischen Kombinationen können sich die menschlichen Typen kombinieren, um auf der Erde die perfekte Ehe zu verwirklichen.

Die gnostischen Paare, die intensiv in der Schmiede des Vulkanus arbeiten, in der neunten Sphäre (der Sexualität), können mittels des Maithuna (der Sexualmagie) das erreichen, was ein Feind der Sexualität nicht erreichen kann, obwohl er Vegetarier ist und sich das ganze Leben lang als Eremit quält.

In der Sexualität finden wir die größte Kraft, welche die Menschheit befreien oder versklaven kann.

Kapitel 8
Sexueller Wasserstoff Si-12

Es ist unbedingt nötig, zu wissen, dass es im Universum zwölf grundlegende Wasserstoffe gibt. Die zwölf grundlegenden Wasserstoffe sind in zwölf Kategorien von Materie abgestuft. Die zwölf Kategorien von Materie existieren in allem Geschaffenen - erinnern wir uns an die zwölf Salze des Zodiakus, die zwölf Sphären der kosmischen Vibration, in denen sich eine solare Menschheit entfalten soll.

Von den zwölf grundlegenden Wasserstoffen leiten sich alle zweitrangigen Wasserstoffe ab, deren verschiedene Dichte von 6 bis 12.283 reicht. Der Begriff Wasserstoff hat in der Gnostik eine ausgedehnte Bedeutung. Jedes einfache Element ist in Wirklichkeit ein Wasserstoff mit einer bestimmten Dichte.

Der Wasserstoff 384 befindet sich im Wasser, 192 in der Luft, 96 ist weise im tierischen Magnetismus abgelagert, in Ausflüssen des menschlichen Körpers, N-Strahlen, Hormonen, Vitaminen, etc. Wir Brüder der gnostischen Bewegung sind schon sehr mit den Wasserstoffen 48-24-12-6 vertraut, weil wir sie in unseren vorangegangenen Weihnachtsbotschaften studiert haben.

Der Wasserstoff 48 entspricht dem Chlor, Cl, Atomgewicht 35; der Wasserstoff 24 entspricht dem Fluorit Fl, Atomgewicht 19; der Wasserstoff entspricht dem chemischen Wasserstoff, Atomgewicht 1. Kohlenstoff, Stickstoff und Sauerstoff haben ein Atomgewicht von 12, 14 und 16. Der Wasserstoff 96 entspricht dem Brom, Atomgewicht 80, der Stickstoff 192 entspricht dem Jod, Atomgewicht 127.

Dieses höchst interessante Thema der Wasserstoffe gehört dem Zweig der okkulten Chemie oder der gnostischen Chemie an, und weil dieses Thema außerordentlich schwer ist, ziehen wir es vor, dass unsere Schüler es Stück für Stück in jeder unserer Weihnachtsbotschaften studieren.

Gehen wir jetzt über zum Studium des berühmten sexuellen Wasserstoffs Si-12, dem wundervollen schaffenden Wasserstoff, der weise in der Fabrik des menschlichen Körpers hergestellt wird. Das passive Essen auf dem Teller durchläuft im menschlichen Organismus viele Verwandlungen, Verfeinerungen und Ausarbeitungen, die innerhalb der musikalischen Tonleiter Do, Re, Mi, Fa, So, La, Si stattfinden.

Das passive Essen auf dem Teller beginnt mit der Note Do, der Speisebrei aus der ersten Etappe der Umwandlung folgt mit der Note Re, die hoch verfeinerte Nahrung erreicht durch Osmose den Blutkreislauf mit der Note Mi und so folgen die Prozesse, bis das Beste des ganzen Organismus übrig bleibt: das wundervolle Elixier, die Samenflüssigkeit mit ihrem Wasserstoff 12 in der Note Si.

Der sexuelle Wasserstoff Si-12 befindet sich im Samen, er ist die schaffende Kraft des dritten Logos. Die erste Oktave Do, Re, Mi, Fa, So, La, Si entspricht genau der Herstellung des sexuellen Wasserstoffs Si-12 im menschlichen Organismus.

Ein ganz besonderer musikalischer Schock mittels des Maithuna (sexuelle Magie) erlaubt dem sexuellen Wasserstoff Si-12 auf eine zweite musikalische Oktave Do Re Mi Fa So La Si überzugehen, und das Ergebnis davon ist die Kristallisierung des sexuellen Wasserstoffs Si-12 in der außerordentlichen Form des Astralkörpers.

Das nennt man Blei in Gold verwandeln. Es ist wichtig, Fleisch und Blut in den Astralkörper zu verwandeln.

Ein zweiter Schock mittels des Maithuna (sexuelle Magie) erlaubt dem sexuellen Wasserstoff Si-12, auf eine dritte musikalische Oktave Do Re Mi Fa So La Si überzugehen, und das Ergebnis davon ist die Kristallisierung des sexuellen Wasserstoffs Si-12 in der außergewöhnlichen Form des Mentalkörpers (Paradieskörpers).

Der dritte Schock mittels des Maithuna (sexuelle Magie) erlaubt dem sexuellen Wasserstoff Si-12, auf eine vierte musikalische Oktave Do, Re, Mi, Fa, So, La, Si überzugehen, und das Ergebnis davon ist die Kristallisierung des sexuellen Wasserstoffs Si-12 in der wundervollen Form des Körpers des bewussten Willens oder des Kausalkörpers.

Der sexuelle Wasserstoff Si-12 ist ein Same oder eine Frucht, und das Erstaunliche ist, dass er immer im Organismus aus Fleisch und Blut kristallisiert wird. Denken wir daran, dass der physische Körper das Ergebnis des sexuellen Wasserstoffs Si-12 ist.

Der Astralkörper ist auch das Ergebnis des speziellen Maithuna-Akts (Verbindung von Phallus und Uterus ohne den Samen zu vergießen). Der Astralkörper ist ein Körper aus Fleisch und Knochen, Fleisch, das nicht von Adam stammt, aber Fleisch, das ein Produkt des sexuellen Wasserstoffs Si-12 ist.

Der wahre Mentalkörper ist das Produkt des Maithuna (sexuelle Magie) und des sexuellen Wasserstoffs Si-12. Dies ist der Paradieskörper, ein vollkommener Körper, ein Körper aus Fleisch und Knochen, aber Fleisch, das nicht von Adam stammt.

Der Körper der bewussten Willenskraft, genannt Kausalkörper, ist auch das Ergebnis des sexuellen Maithuna-Akts ohne Samenerguss. Der Körper des bewussten Willens oder Kausalkörper ist das Ergebnis der Kristallisierung des Wasserstoffs Si-12. Der authentische Astral-, der wahre Mental- und der rechtmäßige Kausalkörper sind die solaren Körper, die höheren existenziellen Körper des Wesens.

Wer in der neunten Sphäre die höheren existenziellen Körper des Wesens, die solaren Körper, schafft, hat alles Recht, sein wahres Wesen, seinen unsterblichen dreieinigen Geist, Atman-Buddhi-Manas oder göttlichen Geist, Lebensgeist, menschlichen Geist (Innerste, göttliche Seele, menschliche Seele) zu inkarnieren.

Wenn man also diese Initiationshöhen erreicht, heißt es, dass ein neuer Mensch geboren worden ist: der Sohn des Menschen, ein neuer Meister des Tages, ein Meister des Mahamvantara. Der physische Körper erhält sich mit dem Wasserstoff 48, der Überschuss von diesem Wasserstoff verwandelt sich in den Wasserstoff 24, mit dem sich der astrale Körper ernährt.

Der Überschuss des Wasserstoffs 24 verwandelt sich in Wasserstoff 12 (nicht zu verwechseln mit dem sexuellen Wasserstoff Si-12), der Wasserstoff 12 dient dazu, den mentalen Körper zu ernähren. Der Überschuss an Wasserstoff 12 verwandelt sich in Wasserstoff 6, mit dem sich der Körper der bewussten Willenskraft oder wahre Kausalkörper ernährt.

Die Erschaffung der solaren Körper ist eine Frage des Maithuna, der sexuellen Magie ohne Samenerguss, die in der brennenden Schmiede des Vulkanus, in der neunten Sphäre (die Sexualität) ausgeführt wird.

Diese Arbeit ist bitterer als Galle. 20 oder 30 Jahre tägliche sexuelle Verbindung mit derselben Frau sind dazu notwendig, ohne jemals auch nur einen Tropfen des Samens zu vergießen, ohne zu erlauben, dass der Samen aus dem Organismus tritt.

Der zweimal Geborene, der in den höheren Welten als Meister des Mahamvantara geboren wurde, der die neunte Sphäre verlassen hat, weil er sein Werk vollendet hat, kann niemals mehr in die neunte Sphäre zurückkehren, denn das wäre ein Verbrechen, es wäre als würde ein Kind nach der Geburt wieder zurück in den Mutterleib wollen.

Der zweimal Geborene ist ein Sohn der Mutter Kundalini, und wenn er voranschreiten möchte, muss er seine göttliche Mutter lieben, er darf sie niemals vergessen. Für den zweimal Geborenen ist der Sexualakt für alle Ewigkeit verboten und er muss absolute Keuschheit in allen Stufen des Verstandes erreichen.

9. Kapitel
Die lunaren Körper

Alle Schulen, die sehr esoterisch und sehr geheim sind, begründen ihre Studien auf den theosophischen Grundsatz der Sieben, den wir nachfolgend geben:

1. Atman (der Innerste oder Intimus)
2. Buddhi (die spirituelle Seele)
3. Höhere Manas (die menschliche Seele)
4. Niedere Manas (der Mentalkörper)
5. Kamas (der Wunschkörper oder Astralkörper)
6. Lingam Sarira (der Vitalkörper)
7. Estula Sarira (der physische Körper).

Atman ist der Herr, der Erleuchtete; Buddhi ist die spirituelle Seele; Manas Superior ist die menschliche Seele.

Der Erleuchtete, der Herr, hat zwei Seelen, eine ist die spirituelle Seele, (Buddhi), die andere ist die menschliche Seele (Manas Superior), (das kausale Prinzip). Beide Seelen sollten unter der Leitung des Herrn arbeiten, aber das ist nur bei Meistern möglich; während die menschliche Seele arbeitet, spielt die spirituelle Seele.

Die spirituelle Seele ist weiblich, die menschliche Seele ist männlich. Bei den Meistern pflegt die spirituelle Seele Früchte zu tragen, die nach ihrer Geburt von der menschlichen Seele bearbeitet werden sollten.

Die Menschen sind sehr stolz auf den Mentalkörper, weil sie mit ihm begründen, diskutieren, planen, usw., aber dieser Körper ist zu 100 Prozent vom Mond beeinflusst und alle Tiere besitzen noch einen Rest davon.

Die Menschen leben in der Welt der tierischen Leidenschaften und genießen die leidenschaftlichen Wünsche, weil das emotionale Gefährt, das wir besitzen, nur ein tierischer Mondkörper mit dummen Wünschen ist.

Der Vitalkörper ist der tetradimensionale Körper, der Lingam Sarira der Hindus, das lebende Fundament aller physischen und chemischen Aktivitäten, der Kalorien, Wahrnehmungen usw.

In Wirklichkeit ist der Vitalkörper nur eine höhere Abteilung des physischen Körpers, der dreidimensionale Teil des physischen Körpers.

Innerhalb des Mental- und des Wunschgefährts sehen Hellsichtige gewöhnlich ein wunderschönes Geschöpf aus elektrischem Blau, dass sie leicht mit der menschlichen Seele oder dem bewussten Körper der Willenskraft verwechseln.

In Wirklichkeit hat das intellektuelle Tier noch keinen Kausalkörper (Körper der bewussten Willenskraft). Das schöne blaue Geschöpf, das die Hellsichtigen zwischen den Mondkörpern sehen, ist das, was der buddhistische Zen, Budhata nennt, die Essenz, ein Teil der menschlichen Seele, die sich in uns befindet.

Kein intellektuelles Tier besitzt den Kausalkörper. Kein intellektuelles Tier hat die unsterbliche Triade in Fleisch und Blut. Wenn jemand die göttliche unsterbliche Triade in Fleisch und Blut hätte, würde er unmittelbar danach aufhören, ein intellektuelles Tier zu sein und verwandelte sich in einen Menschen.

Nur wenn wir die Sonnenkörper in uns herstellen, können wir uns den Luxus leisten, die göttliche, unsterbliche Triade, Atman-Buddhi-Manas in uns aufzunehmen.

Wenn wir hinaufgehen wollen, müssen wir zuerst hinabsteigen. Nur wenn wir in die neunte Sphäre hinabsteigen, können wir die unsterbliche Triade in Fleisch und Blut aufnehmen und uns zu Menschen verwandeln.

Vorläufig sind wir nur intellektuelle Tiere. Der Einzige, der uns bewundert, ist der Intellekt. Aber wenn man uns den Intellekt wegnehmen würde, wären wir sehr unnütze Tiere, schlimmer als Orang-Utans und Gorillas, idiotische, dumme, wehrlose Kreaturen.

Der Zen-Buddhismus hält die Mondkörper für Mentalformen, die wir auflösen und zu Staub reduzieren müssen. Die Mondkörper sind allgemeines Eigentum aller Bestien, eingeschlossen der Bestie, die sich irrtümlicherweise Mensch nennt.

Nur, wenn wir die Sonnenkörper erschaffen, können wir uns den Luxus gönnen, die unsterbliche Triade in uns aufzunehmen, um uns in wahre Menschen zu verwandeln. Die Sonnenkörper sind das Resultat einer bewussten Arbeit über sich selbst.

Nur wenn wir in die neunte Sphäre hinabsteigen, können wir unsere Sonnenkörper herstellen und die unsterbliche Triade inkarnieren, um in den höheren Welten als neue Meister des Mahamvantara geboren zu werden.

Das intellektuelle Tier lebt während der Zeit des Schlafes und nach dem Tod in den suprasensiblen Welten mit Mondkörpern. Diese Körper sind kalt und trügerisch.

Die Solarkörper sind lebende Flammen, strahlend und erhoben. Erinnert Euch, dass die Engel, Erzengel, Meister usw. Sonnenkörper benutzen. Der wahre solare Astralkörper ist ein Gefährt aus Fleisch und Knochen, aber Fleisch, das nicht von Adam kommt, sondern ein Körper von unberechenbarer Schönheit und höchstem Glück.

Der legitime solare Mentalkörper ist der Körper des Paradieses, ein Körper aus Fleisch und Knochen, aber Fleisch, das nicht von Adam kommt, ein empfangender Körper weiblicher Natur.

Der wahre solare Mentalkörper ist jenseits der Vernunft, es ist ein Vehikel um zu Verstehen. Diejenigen, die den wahren solaren Mentalkörper besitzen, brauchen weder zu akzeptieren, noch zurückzuweisen, sie verstehen und das ist alles….

Der authentische solare Mentalkörper hat 300.000 Clans oder magnetische Zentren und jeder Clan sollte ohne irgendeine Anstrengung mit dem gleichen Ton vibrieren.

Der Sonnenmentalkörper mit seinen 300.000 Clans ist gewaltig, wunderbar…

Der Adept, der ein voll entwickeltes solar-mentales Vehikel besitzt, erhält und versteht die Wahrheit von Moment zu Moment ohne den schrecklichen Kampf der Gedanken. Der wahre Körper der bewussten Willenskraft erlaubt dem Adepten die bewusste Unsterblichkeit.

Der wahre Körper der bewussten Willenskraft erlaubt dem Adepten Aktionen zu verwirklichen, die in der bewussten Willenskraft geboren wurden, er erlaubt dem Adepten Umstände zu bestimmen. Jeder Meister, der in den höheren Welten geboren wurde, sollte seine lunaren Körper beseitigen, diese ersetzen unsere tierischen Reste aus vergangenen Zeiten.

Die gewöhnlichen Verstorbenen, die mit ihren Mondkörpern gekleidet sind, scheinen unbewusste, kalte, gespenstige Schlafwandler zu sein, die in der Vergangenheit leben. Das intellektuelle Tier gehört 100 Prozent dem Mond an und ist in Wirklichkeit kein wahrer Mensch. Nur wenn wir die Solarkörper bilden, verwandeln wir uns in wahre Menschen.

10. Kapitel
Das vielfältige Ich

Die Autoren, die behaupten, es gebe ein permanentes oder unveränderliches Ego oder Ich, sind aufrichtige Irrende mit sehr guten Absichten. Es ist wichtig zu wissen, dass wir in unserem lunaren, animalischen Körpern ein vielfältiges Ich haben.

Jede Empfindung, jede Emotion, jeder Gedanke, jedes Gefühl, Leidenschaft, Hass, Gewaltätigkeit, Eifersucht, Zorn, Habgier, Lüsternheit, Neid, Stolz, Faulheit, Gefräßigkeit, usw., beruhen auf kleinen Ichs, die weder miteinander verbunden noch irgendwie koordiniert sind.

Es existiert kein einheitliches Ich, sondern eine Vielzahl von schäbigen, schreienden und streitsüchtigen Ichs, die untereinander zanken, die um die Vormacht streiten. Die Mönche des Klosters des Berges Athos sind entzückt, wenn sie sich über all die kleinen Ichs bewusst werden, sie lernen sie zu steuern, sie von einem Zentrum zum anderen zu bewegen, usw.

Die Mönche knien nieder, heben ihre Arme mit abgewinkelten Ellbogen und sagen laut „Ego" mit lang gezogener Aussprache, gleichzeitig versuchen sie den Punkt in ihrem Organismus zu finden, an dem das Wort Ego (Ich) widerhallt. Der Zweck dieser Übung ist es, das Ich zu fühlen, es von einem Zentrum zum anderen zu verschieben.

Die Ichs, die wir innerhalb unserer lunaren Körper haben, sind wahre, von uns selbst erzeugte, Dämonen. Solch ein Ich folgt automatisch einem anderen Ich und einige erscheinen in Begleitung von anderen, aber es existiert keine Ordnung in all dem, es gibt keine wahre Einheit, es gibt nur zufällige Verbindungen, kleine Gruppen, die sich unbewusst und subjektiv verbinden.

Jedes von diesen kleinen *Ichs* repräsentiert nur einen winzigen Teil der Gesamtheit unserer Funktionen, aber es glaubt irrtümlicherweise immer, das Ganze zu sein. Wenn das intellektuelle Tier, irrtümlicherweise Mensch genannt, *ich* sagt, hat es den Eindruck über sich in seiner Gesamtheit zu sprechen, aber in Wirklichkeit ist es nur eines der kleinen Ichs der Legion, das spricht.

Das *Ich* das heute vor dem Altar der Gnosis Treue schwört, glaubt das Ganze zu sein, das Einzige, der gesamte Mensch, aber es ist nur eines von vielen Ichs der Legion. Wenn das genannte Ich seine Vorherrschaft verliert, besetzt ein anderes Ich, das ein Feind der Gnosis ist, diesen Platz, und dann verwandelt sich dieses Individuum, das sehr begeistert von der Gnosis war, in einen Feind, der unsere Bewegung, unsere Doktrin, angreift, usw.

Das Ich, das heute einer Frau die unendliche Liebe schwört, hat den Eindruck das Einzige zu sein, der Herr, der gesamte Mensch und sagt: *Ich verehre dich, ich liebe dich, ich gebe mein Leben für dich,* usw., aber wenn dieses verliebte *Ich* durch ein anderes von seiner Position verdrängt wird, dann sehen wir, wie dieses Individuum die Frau verlässt und sich in eine andere verliebt, usw.

All diese kleinen *Ichs* sind wahre Dämonen, die in unseren lunaren Körper leben. All diese kleinen Ichs werden in den fünf Zentren der Maschine erzeugt. Diese fünf Zentren sind: intellektuell, emotional, motorisch, instinktiv und sexuell.

In unserer letzten Weihnachtsbotschaft sprachen wir ausführlich über die fünf Zentren der menschlichen Maschine. Es ist beklagenswert, dass die menschlichen Wesen, aus Mangel an Weisheit, in den fünf Zentren der Maschine unzählige Dämonen erzeugen, die Teile unseres Bewusstsein und unseres Lebens stehlen.

Es ist sicher und außer Frage, dass manchmal Dämonen oder fremde Ichs, von anderen Personen erschaffen, in die lunaren Körper eindringen. Diese fremden *Ichs* stehlen Teile unseres Bewusstseins, sie machen es sich in einem der fünf Zylinder der Maschine bequem und deswegen werden sie Teil unseres Egos (Ichs).

In Wirklichkeit hat das *intellektuelle Tier* keine wahre Individualität, es hat weder ein fortdauerndes Zentrum der Schwerkraft noch ein wahres Gefühl der moralischen Verantwortung. Das einzige Wertvolle, das einzige Wichtige, das wir in unseren lunaren Körpern haben, ist das Buddhata, die heilige Essenz, das psychische Material, das unglücklicherweise von den verschiedenen Einheiten, die in ihrer Gesamtheit das Ego, das vielfältige Ich bilden, verschwendet wird.

Viele pseudo-okkultistische und pseudo-esoterische Schulen teilen das *Ich* in zwei Teile. Sie behaupten, dass wir ein höheres, göttliches, unsterbliches *Ich* haben und glauben, dass dieses höhere *Ich* oder göttliche Ego das niedere *Ich* kontrollieren und total dominieren soll. Dieses Konzept ist total falsch, weil das höhere und das niedere zwei Teile der gleichen Sache sind.

Das *Ich* ist erfreut, sich in das höhere und niedere zu trennen. Dem *Ich* gefällt es zu glauben, dass ein Teil von ihm göttlich, ewig, unsterblich ist. Dem *Ich* gefällt es, gepriesen zu werden, verehrt zu werden, auf den Altar gestellt zu werden, vergöttert zu werden, usw.

In Wirklichkeit existiert so ein höheres oder heiliges *Ich* nicht, das Einzige, das wir in unseren lunaren Körpern haben, ist die Essenz und die Legion des Ichs, das ist alles. Atman, das Sein, hat nichts mit irgendeinen Teil des *Ich* zu tun. Das Sein ist das Sein und es ist jenseits jeder Art von *Ich*. Unser wahres Sein ist unpersönlich, kosmisch, unaussprechlich, fürchterlich göttlich.

Unglücklicherweise kann das *intellektuelle Tier* sein wahres Sein nicht inkarnieren (Atman- Buddhi-Manas), weil es nur lunare Körper besitzt, und diese sind nicht in der Lage die gewaltige elektrische Ladung unseres wahren Seins zu verkraften, wir würden sterben.

Die Dämonen, die die lunaren Körper bewohnen, sind nicht in jene tierische Körper eingesperrt, normalerweise treten sie ein und aus, reisen zu verschiedenen Plätzen oder schlendern unbewusst durch die verschiedenen molekularen Regionen der Natur. Nach dem Tod besteht das vielfältige *Ich* innerhalb der lunaren Körper weiter, und projiziert sich von hier aus zu irgendeinem Ort der Natur.

Die Medien des Spiritismus und des Spiritualismus leihen ihre Materie, ihre physischen Vehikel, diesen *Ichs* der Toten. Jene Ichs, obwohl sie ihre Identität belegen, obwohl sie beweisen der wahre angerufene Tote zu sein, sind sie nicht das wirkliche Sein des Verstorbenen.

Das Karma von Medien in ihren zukünftigen Leben wird die Epilepsie sein. Alle Epileptiker waren in ihren vergangenen Leben spiritistische oder spiritualistische Medien.

Nicht alle Einheiten, die das Ego (Ich) bilden, kehren in diese Welt zurück um sich wiederzuverkörpern oder in einem neuen Organismus wiedergeboren zu werden. Manche dieser Einheiten oder kleine Ichs trennen sich gewöhnlich von der Gruppe, um in die niederen Welten der Natur oder das untere Mineralreich einzutreten, andere genießen es, sich in einem Organismus des niederen Tierreiches, wie einem Pferd, Esel, Hund, usw., wiederzuverkörpern.

Die Meister der weißen Loge helfen gewöhnlich einigen herausragenden Toten, die sich für die Menschheit geopfert haben. Als wir uns entschieden hatten, das Leben von Pancho Villa, dem großen Helden der mexikanischen Revolution, zu studieren, fanden wir ihn in den niederen Welten. Er war immer noch besessen von der Idee zu töten und bedrohte alle Bewohner der Unterwelt mit seiner Pistole.

Allerdings ist dieser Pancho Villa des unteren Mineralreiches nicht alles. Das Beste von Pancho Villa lebt in der molekularen Welt. Sicherlich hat er die mittlere Stufe der Befreiung nicht erreicht, die einigen Desinkarnierten erlaubt, in den verschiedenen molekularen und elektronischen Reichen der Natur einen Urlaub zu genießen, aber er verweilt auf der Schwelle und wartet auf die Möglichkeit in eine neue Gebärmutter einzutreten.

Das, was sich wiederverkörpert von dem, was Pancho Villa war, wird niemals der Pancho Villa der unteren Welten sein, der schreckliche Mörder, sondern das Beste des Generals, jene Werte, die sich für die Menschheit geopfert haben, jene Werte, die ihr Blut für die Befreiung eines unterdrückten Volkes vergossen haben.

Der desinkarnierte General, oder vielmehr, alle wirklich brauchbaren Werte des Generals werden zurückkehren, werden sich wiederverkörpern, das große Gesetz wird ihn für seine Opfer mit dem höchsten Amt der Nation belohnen.

Wir erwähnten den Fall von Pancho Villa als Beispiel für unsere Leser. Dieser Mann erhielt besondere Hilfe als Dank für das große Opfer für die Menschheit. Andererseits gibt es auf der Welt Personen, die diese Hilfe nicht bekommen können, weil nichts übrig bliebe, wenn man alles entfernen würde, was dem Tierischen und Kriminellen angehört. Diese Art von menschlichen Bestien muss in die involutive Welt der Natur eintreten.

Ein bestimmter Eingeweihte litt unsäglich, weil er bei allen Proben der Keuschheit in den unteren Welten versagte, obwohl er vollkommene Keuschheit in der physischen Welt erreicht hatte. Jener Eingeweihte quälte sich, flehte und betete um höhere Hilfe bei seiner eigenen Mutter Kundalini

Seine göttliche Mutter half ihm. Sie, die feurige Schlange unserer magischen Kräfte, bat für ihn, für ihren Sohn, für den Eingeweihten und dieser wurde zum Prozess vor die Tribunale des Karmas gerufen. Die schrecklichen Herren des Karmas richteten und verurteilten ihn, und schickten ihn in den Abyssus, in die äußere Finsternis, wo nur Heulen und Zähneknirschen herrscht.

Der Eingeweihte hörte voll unendlichem Schrecken das entsetzliche Urteil, der kosmische Henker hob das Schwert und richtete es drohend auf den entsetzten Bruder, aber dieser fühlte, dass sich etwas in seinem Inneren bewegte und erstaunt beobachtete er wie ein Ich der Fornikation aus seinen lunaren Körpern entwich, eine Einheit, die von ihm selbst in vergangenen Reinkarnationen erschaffen wurde. Diese perverse lüsterne Einheit trat in die Involution der unteren Welten ein, und der Eingeweihte war somit frei von diesen inneren Bestien, die ihn so sehr quälten.

Tatsächlich ist das Ego eine Summe von verschiedenen, unterschiedlichen Einheiten. Es gibt kein dauerhaftes und unveränderliches Ich, das Einzige, was in unseren lunaren Körpern existiert, ist das vielfältige Ich (Legion von Teufeln).

11. Kapitel
Kundalini

Wenn wir über den orientalischen Okkultismus sprechen, können wir bestätigen, dass es in Bezug auf den tantrischen Esoterismus viel Material zu erforschen, studieren, analysieren gibt.

In ganz Asien existieren zahlreiche Schulen, die mit der Tugend der Zurückhaltung und dem nicht Vergießen der Samenflüssigkeit einverstanden sind. Manche sind Befürworter des Zölibats oder Brahmacharya, andere des Maithuna oder der sexuellen gemäßigten Vereinigung, ohne Bindung, aber unglücklicherweise mit Orgasmus und Ejakulation der wertvollen Samenflüssigkeit.

Die rechtmäßigen weißen tantrischen Schulen von Indien, China, Tibet, Japan, usw., lehren das Sahaja Maithuna (Sexualmagie), ohne Samenflüssigkeit zu vergießen.

In gewissen unvollständigen tantrischen Schulen in Indien wird das Sahaja Maithuna (Sexualmagie), nur einmal im Leben vollzogen, unter Anleitung des Guru, der das Erwecken des heiligen Feuers überwacht und das Aufsteigen durch die Wirbelsäule auf intelligente Weise, mit magnetischen Handbewegungen und Handauflegen leitet.

Wir wissen, dass vor der Ausübung dieser Arbeit des sexuellen Yoga, sowohl der Sadhaka als auch die Sadhaka eine intensive Vorbereitung in den Techniken des Hatha-Yoga, Mudras, Bandhas, Kriyas, Pratyara, Dharana, Dhyana, usw., durchlaufen. Für diese tantrischen Yogis sind Hatha und Raja Yoga eng miteinander verbunden und bilden eine Einheit.

Alle diese Praktiken führen den Yogi und die Yogini zum Maithuna (Sexualmagie). Nach unseren Informationen wird in diesem Akt, das Kechary Mudra und Vajroli Mudra angewendet und nach Beginn des Tanzes von Shiva und Shakti, setzen sich der Yogi und die Yogini Rücken an Rücken, Wirbelsäule an Wirbelsäule zur Meditation, mit der Absicht die komplette Beherrschung des Verstandes und der emotionalen Atmung zu erlangen. Danach wird die sexuelle Vereinigung in Shidhasana oder Vajrasana vollzogen, oder die Yogini wird von Vestalinnen angehoben und der Yogi verbindet sich mit Ihr in Urdhvapadmasana, um den Urdhvareta zu erleichten und beiden absorbieren den Samen, der bis zum Gehirn aufsteigen soll. Alle Informationen, die wir aus Indien haben, sagen, dass der Yogi, nachdem die Unbeweglichkeit des Manas Prana und Apana erreicht wurde, sein Gehirn besamt und Kundalini endgültig erhebt, aber diese Übung in Indien ist nur für Yogavataras.

Das Karma Kalpa aus Indien lehrt all die Asanas oder heiligen Stellungen des Maithuna. Natürlich sind viele dieser Stellungen für die westliche Welt nicht geeignet und andere sind zu anstößig. Normalerweise sitzt der Hindu-Yogi in der Art des Buddhas, die Beine überkreuzt und die Yogini sitzt auf seinen Beinen und kreuzt ihre Beine so, dass der Körper des Yogi von ihnen umschlossen wird, dann wird die sexuelle Vereinigung vollzogen, wobei sich das Paar vor dem Orgasmus zurückzieht, um das Vergießen der Samenflüssigkeit zu vermeiden.

Im Mittelalter praktizierten viele Gnostiker das Maithuna mit jungfräulichen Vestalinnen und diese Übung wurde Virgine Subintroductis (Sexualmagie) genannt.

Das Virgine Subintroductus mit jungfräulichen Vestalinnen war wunderbar, es wurde mit Karezza praktiziert, ohne sie zu entjungfern. Auf der Seite liegend vollzogen der Mann und die Priesterin die sexuelle Verbindung, der Mann führte den Phallus vorsichtig in den Bereich zwischen die Schamlippen und das Hymen ein, mit der Zeit wurde das Hymen dehnbar und das Eindringen wurde von Mal zu Mal tiefer und die Frau blieb Jungfrau, sie verlor niemals ihre Jungfräulichkeit, sie bewahrte ihre Jungfräulichkeit ihr ganzes Leben lang und mit ihr verwirklichte sich der Mann, indem er Kundalini durch die Wirbelsäule erhob.

Mit dem Maithuna verschmolz der Mann mit der Frau und die Frau mit den Mann und so erreichten sie den Zustand des göttlichen Hermaphrodit, der Elohim, des Teleios Antrophos.

Das beste Asana oder die beste heilige Stellung des Maithuna, ist die Normale, Brust gegen Brust, Stirn gegen Stirn, Solarplexus gegen Solarplexus, mit der Absicht ein perfektes androgynes Wesen zu bilden und später ziehen sich Mann und Frau vor dem Orgasmus und dem Samenerguss vom sexuellen Akt zurück.

Der reaktionäre Pseudo-Esoterismus und Pseudo-Okkultismus glauben mittels Brahmacharya oder zwanghaftem Zölibat, Kundalini erwecken zu können. Alle Eingeweihten einer authentischen Mysterienschule wissen durch ihre eigene direkte Erfahrung, dass es unmöglich ist, ohne tantrische Übungen das Erwecken der Kundalini zu erreichen, und sich auf den sieben Graden der Energie des Feuers zu entwickeln.

Es gibt zwei Arten von Brahmacharya (sexueller Abstinenz): solare Brahmacharya und lunare Brahmacharya. Das solare Brahmacharya ist zwingend für all jene, die bereits in den höheren Welten mit den solaren Körpern geboren worden sind, für jene, die bereits die neunte Sphäre verließen.

Das lunare Brahmacharya wird von vielen aufrichtigen Irrenden praktiziert, von vielen Unwissenden, die niemals in der neunten Sphäre gearbeitet haben, die die solaren Körper nicht erschaffen haben, die ohne innere Selbstverwirklichung sind.

Das lunare Brahmacharya (sexuelle Abstinenz) ist für diejenigen, die die solaren Körper nicht erschaffen haben, schädlich, weil die Personen sich mit schrecklichen, bösartigen, entsetzlichen Vibrationen aufladen.

Unter venenioosskirianischen Vibrationen versteht man die sexuellen, zentrifugalen, lunaren Kräfte. Diese Art von finsteren Vibrationen erwecken das Organ Kundartiguador.

Es ist wichtig zu wissen, dass die Schlange, wenn sie vom Steißbein nach unten stürzt, sich in den Schwanz von Satan, das abscheuliche Organ Kundartiguador, verwandelt. Das lunare Bramacharya mit seinen schrecklichen und bösartigen venenioosskirianischen Vibrationen verursacht Fanatismus und hochgradigen Zynismus.

Die degenerierten Infrasexuellen hassen und verdammen die Gnostiker, weil wir die Mysterien der Sexualität lehren. Die degenerierten Infrasexuellen empören sich über die Mysterien der Sexualität, aber sie empören sich nie über ihre eigene Wollust, ihre eigenen Ehebrüche, Fornikationen, usw.

Jeder, der sich ohne Maithuna (Sexualmagie) selbstverwirklichen möchte, ist ein sicherer Kandidat für die Höllenwelten des niederen Mineralreiches.

Es gibt drei Arten von Tantrismus: Weiß, schwarz und grau. Beim weißen Tantrismus ist der Verlust des Samens untersagt, im schwarzen Tantrismus hingegen, ist das Ejakulieren des Samens obligatorisch, im grauen Tantrismus gibt man dem Ejakulieren des Samens keine Wichtigkeit, aber auf lange Sicht verwandelt er sich in schwarzen Tantrismus.

Mit dem weißen Tantrismus steigt die Schlange durch den Rückenmarkskanal entlang der Wirbelsäule. Mit dem schwarzen Tantrismus steigt die Schlange hinunter, vom Steißbein zu den atomaren Höllen des Menschen und verwandelt sich in den Schwanz des Satans.

Kundalini hat sieben Stufen der Macht des Feuers. Nur indem man täglich und über 20 oder 30 Jahre hinweg, Maithuna praktiziert, ist es möglich, die vollkommene Entwicklung von Kundalini zu erreichen.

Die absteigende Schlange, das Organ Kundartiguador, entwickelt die höllischen Chakras des Unterleibs und verwandelt den Menschen in eine schrecklich perverse und bösartige Bestie. Die Schlange, die durch den Kanal des Rückenmarks aufsteigt, entwickelt alle göttlichen Kräfte des menschlichen Wesens.

Devi-Kundalini, die feurige Schlange unserer magischen Kräfte ist Isis, Adonia, Rhea, Cybele, Tonantzin, Maria, usw. Die solaren Körper werden im Mutterleib der Devi-Kundalini, der heiligen Mutter, gezeugt.

Wenn der Eingeweihte aus dem Schoss der heiligen Mutter in den höheren Welten geboren wird, wenn er die neunte Sphäre verlässt, ist es ihm für immer verboten zur neunten Sphäre (die Sexualität) zurückzukehren.

Die zweimal Geborenen betreten einen geheimen Tempel, und wenn sie wieder zur Sexualität zurückkehren würden, würden sie fallen und alle ihre Kräfte verlieren.

Jeder Eingeweihte, der diese zweite Geburt, von der Jesus zu Nikodemus sprach, erreicht, steht dann vor dem Problem das Ego oder das vielfältige Ich aufzulösen und die lunaren Körper zu eliminieren. Wenn der Eingeweihte das vielfältige Ich nicht auflöst und die lunaren Körper nicht eliminiert, verwandelt er sich in einen Hanasmussen mit doppeltem Zentrum der Schwerkraft.

Der geheime Meister, gekleidet in seine solaren Körper und das vielfältige Ich, gekleidet in seine lunaren Körper bilden eine doppelte Persönlichkeit, ein sehr schwerwiegendes Problem, welches gelöst werden muss. Jeder Hanasmussen hat zwei innere Persönlichkeiten, die Erste ist solar, die Zweite lunar. Der neugeborene Meister muss die lunare Persönlichkeit auflösen, wenn er sich nicht in einen Hanasmussen verwandeln will.

Einer der bemerkenswertesten Hanasmussen ist der Fall Andramelek. Es existiert der Andramelek, der ein weißer Magier ist, und der Andramelek, der ein schrecklicher und entsetzlicher schwarzer Magier ist, und obwohl beide Wesen so unterschiedlich sind, bilden sie ein einziges Individuum. Es ist klar, dass der finstere Andramelek im unteren Mineralreich involutionieren muss, bis er sich in Staub verwandelt, nur so kann sich die Essenz, das Budhata, die Seele, befreien, um zurückzukehren zum weißen Andramelek, zum geheimen Meister.

Der neugeborene Meister mit seinen solaren Körpern muss seine heilige Mutter lieben, sie anbeten und verehren, nur sie kann ihm helfen die verschiedenen Einheiten, welche zusammen das vielfältige Ich bilden, zu eliminieren. Jeder neugeborene Meister wird in den inneren Welten vielen esoterischen Proben unterzogen.

Dieser Art von Proben erlauben dem neugeborenen Meister alle unterbewussten, verborgenen Einheiten, die aus einer fernen Vergangenheit kommen und sein vielfältiges Ich bilden, zutiefst kennenzulernen.

Nur die göttliche Mutter kann die lunaren Körper, diese finsteren Einheiten, die unsere geheimen Fehler verkörpern und aus einer fernen Vergangenheit kommen, eliminieren. Der Eingeweihte muss jeden Fehler gründlich und in allen Bereichen des Verstandes verstehen, aber es ist dringend notwendig zu wissen, dass der Verstand keinen Fehler zu kosmischem Staub verwandeln kann. Das Einzige, wozu der Verstand fähig ist, ist die Fehler zu kontrollieren, sie vor sich selbst zu verstecken, sie von einem Bereich des Verstandes zu einem anderen Bereich des Verstandes zu verschieben, usw.

Die Veränderungen, die durch den Verstand erreicht worden sind, sind sehr oberflächlich, sie sind nutzlos, wir brauchen tief gehende und gründliche Veränderungen und das ist möglich mit Hilfe der Mutter Kundalini, der feurigen Schlange unserer magischen Kräfte.

In den verschiedenen unbewussten, infrabewussten, usw., Gebieten unseres eigenen Verstandes gibt es Einheiten, die Aktionen durchführen, die vollkommen gegensätzlich zu denen sind, die der Eingeweihte gewöhnlich ausführt.

Diese fremden, niederen Einheiten sind entsetzlich wollüstig, ehebrecherisch, kriminell, pervers und befinden sich in unseren lunaren Körpern, aber sie sind nicht in diesen Körpern gefangen, sie treten ein und aus, sie reisen, sie begeben sich in alle molekularen Regionen der Natur.

Wenn der Eingeweihte meditiert, wenn er zum Beispiel versucht den Fehler der Lüsternheit zu verstehen, um ihn zu eliminieren, handelt er, während er daran arbeitet, in die inneren Welten gegensätzlich, er treibt Unzucht, Ehebruch, usw.

Diese Art von Einheiten handeln in den unterbewussten und niederen Regionen selbstständig, außerhalb unseres Verstandes und unseres Willens, aber sie sind nicht seltsame, fremde Einheiten, sie sind *ich selbst, mich selbst, sich selbst.*

Jeder neugeborene Meister erleidet Unaussprechliches, weil er diese unterbewussten Teile von sich selbst nicht kontrollieren kann, diese niederen, infrabewussten, unterbewussten, usw. Einheiten und er sieht keine andere Abhilfe als die Mutter Kundalini, die heilige Schlange, um Hilfe anzuflehen, zu bitten, anzurufen.

In Bereich der esoterischen Proben existiert eine kosmische Didaktik. Der Eingeweihte wird mehrmals einer bestimmten Probe unterzogen, und wenn er versagt, muss er die heilige Mutter Kundalini um Hilfe anrufen, sie anflehen, die heilige Schlange bitten, dass sie das psychologische Ich oder die psychologische Einheit, die den Fehler personifiziert, die ihn bei der Probe scheitern ließ, aus seinen lunaren Körpern entfernt, es auslöscht.

Der Eingeweihte wird vielen esoterischen Proben unterzogen, einige beziehen sich auf den Zorn, andere auf die Gier, manche auf die Lüsternheit, auf Neid, Faulheit, Gefräßigkeit, usw., aber sie folgen einer Ordnung einer speziellen Didaktik.

Der Eingeweihte wird wiederholt verschiedenen Umständen, Situationen und Zeiten ausgesetzt, wo er sich nicht im entferntesten an seine esoterischen Studien oder an den Weg erinnert, usw.

Die Arbeit, diese Einheiten, die das vielfältige Ich bilden, auszulöschen, ist bitterer als Galle und der Eingeweihte leidet unaussprechlich in diesen Proben, weil er in den unbewussten, unterbewussten, infrabewussten, usw., Regionen Unzucht treibt, ehebricht, Verbrechen begeht, die er in der physischen Welt niemals verüben würde, nicht für alles Gold der Welt. Nur die Mutter Kundalini, nur die heilige Mutter kann dem Eingeweihten bei seiner Arbeit, die niederen Einheiten in die Höllenwelten zu werfen, helfen.

Wenn die lunaren Körper leer werden, wenn das vielfältige *Ich* nicht mehr in ihnen wohnt, dann erreicht der Eingeweihte einen mystischen Trancezustand und er verweilt drei Tage in den inneren Welten. Während dieser drei Tage ist sein Körper wie tot und wenn der Eingeweihte zu diesem physischen Körper zurückkehrt, kommt er mit seinen solaren Körpern, er hat keine lunaren Körper mehr. Die höheren Adepten helfen ihm diese Vehikel, die sich später nach und nach in der molekularen Welt auflösen, zu entfernen.

Der Eingeweihte mit seinen solaren Körpern ist vollkommen selbstverwirklicht, er ist ein Meister des Tages, ein Meister des Mahamanvantara mit Macht über Leben und Tod, über alles, was ist, alles, was war und alles, was sein wird.

Jeder, der die Geschichte der Magie studiert hat, weiß sehr gut, dass in allen Epochen erzählt wird, dass die großen Eingeweihten drei Tage tot verweilten und am dritten Tag auferstanden. In bestimmten geheimen Tempeln legte man die Lanze auf den Brustkorb des Mystikers und er fiel in Trance. Am dritten Tag wurde der Körper mit dem Kopf nach Osten gelegt, für die Auferstehung. Was der Eingeweihte in den inneren Welten während dieser drei Tage gelernt hat, gehörte den Mysterien an.

12. Kapitel

Das Opium, das Ich und das Unterbewusstsein

Opium hat mehr als 400 aktive Elemente, aber die Chemiker kennen nur 42 Elemente.

Nachfolgend führen wir diese 42 Elemente auf:

1 - Morphin
2 - Protopin
3 - Lantopin
4 - Porphiroksin
5 - Opium oder Nikotin
6 - Paramorphin oder Tebain
7 - Formin o Pseudoformin
8 - Metamorfin
9 - Gnoskopin
10 - Oilopin
11 - Atropin
12 - Pirotin
13 - Dephteropin
14 - Tiktutin
15 - Kolotin
16 - Haivatin
17 - Zootin
18 - Trotopin
19 - Laudanin
20 - Laudanosin
21 - Podotorin
22 - Archatosin
23 - Tokitosin
24 - Liktonozin
25 - Makanidin
26 - Popoverin
27 - Krintonin
28 - Kodomin
29 - Kolomonin
30 - Koilononin
31 - Katarnin
32 - Hidrokatarnin
33 - Opianin (Mekonin)
34 - Mekonoiosin
35 - Pistotorin
36 - Fichtonozin
37 - Kodein
38 - Narzein
39 - Pseudokodein
40 - Microparain
41 – Microtebain
42 - Messain

Das Opium im Allgemeinen oder manche seiner aktiven Elemente werden üblicherweise von Drogensüchtigen und anderen lasterhaften Menschen benutzt, um die schlechten Auswirkungen des abscheulichen Organs Kundartiguador zu stärken (Schwanz des Satans).

Es ist dringend nötig zu wissen, dass durch einen bedauerlichen Irrtum von gewissen heiligen Individuen, in einer fernen Vergangenheit alle Menschen das abscheuliche Organ Kundartiguador (Satans Schwanz) entwickelt haben.

Später entfernten diese heiligen Individuen das abscheuliche Organ Kundartiguador vom Menschen und bewahrten intelligenterweise das heilige Feuer im Steißbeinchakra, der Kirche von Ephesus, Muladhara, dem magnetischen Zentrum, das sich im Steißbein befindet, am unteren Teil der Wirbelsäule.

Die schlechten Auswirkungen des Organs Kundartiguador werden durch diese Legion von Teufeln, die jede Person in ihren lunaren Körpern trägt, gebildet. Mendelejew sammelte und listete alle Namen der aktiven Elemente des Opiums auf und klassifizierte sie intelligenterweise gemäß ihres atomaren Gewichtes.

Das heilige Gesetz des Heptaparaparshinokh, das Gesetz der Sieben, regiert die sieben grundlegenden Kristallisationen des Opiums. Es ist dringend nötig zu wissen, dass zu den sieben grundlegenden Kristallisationen des Opiums weitere sieben gehören und zu diesen sieben weitere sieben, das sind zusammen 49, der offiziellen Wissenschaft unbekannte, Kristallisationen.

Die sieben unabhängigen Eigenschaften des Opiums, die sieben grundlegenden Kristallisationen haben sieben definierte subjektive Eigenschaften, die mit den sieben subjektiven Zuständen des menschlichen Unterbewusstseins übereinstimmen. Die siebenmal sieben Kristallisationen des Opiums stimmen mit den siebenmal sieben subjektiven Stadien des Opiums und den siebenmal sieben unterbewussten Stadien des menschlichen Wesens überein.

In unserer vergangenen Botschaft von 1964-65 sprachen wir ausführlich über das Opium in Beziehung zu den Farben und Tönen, heute beabsichtigen wir, das Opium nur in seiner Beziehung zu den subjektiven Zuständen des menschlichen Unterbewusstseins zu untersuchen.

Wenn wir die schlechten Auswirkungen des abscheulichen Organs Kundartiguador in uns selbst zerstören wollen, müssen wir zuerst verstehen, dass diese schlechten Auswirkungen in jedem dieser 49 unterbewussten Zustände des menschlichen Wesens wirken.

Es ist notwendig klarzustellen, dass in diesen 49 unterbewussten Zuständen des menschlichen Wesens die genannten infrabewussten, unbewussten, usw. Zustände eingeschlossen sind. All diese Teufel oder kleinen *Ichs*, die sich in den fünf Zylindern der menschlichen Maschine bilden, sind die äußerst schlechten Auswirkungen des abscheulichen Organs Kundartiguador.

Wir haben es schon gesagt, und wiederholen es, die fünf Zylinder der menschlichen Maschine sind: Intellekt, Emotion, Bewegung, Instinkt und Sexualität. In diesen fünf Zylindern der menschlichen Maschine verblieben unglücklicherweise die schlechten Auswirkungen des abscheulichen Organs Kundartiguador.

Die Opiumabhängigen, die Drogensüchtigen, stärken unglücklicherweise in ihren fünf Zylindern der Maschine die äußerst schlechten Auswirkungen des abscheulichen Organs Kundartiguador. In den 49 Ebenen des menschlichen Unterbewusstseins leben die kleinen *Ichs*, die in ihrer Gesamtheit das bilden, was wir *Ego*, *Ich*, *mich selbst oder sich selbst,* nennen.

Das atomare Material ist in jeder der 49 unbewussten Ebenen des menschlichen Wesens verschieden. Der psychologische Zustand ist in jeder einzelnen der 49 Regionen oder Ebenen des menschlichen Unterbewusstseins unterschiedlich.

Jeder Fehler kann aus der intellektuellen Region verschwinden, aber das bedeutet nicht, dass deshalb der Dämon, der ihn personifiziert, aufhört zu existieren, dieser Dämon mit dem Fehler, den er charakterisiert, bleibt als eine zweite Einheit in der zweiten unbewussten Region bestehen.

Jeder Fehler kann aus der zweiten unterbewussten Region verschwinden, aber er existiert weiter als eine dritte Einheit in der dritten unterbewussten Region, und so weiter.

Es gibt sieben primäre Einheiten und innerhalb dieser Sieben, gibt es sieben sekundäre unterbewusste Einheiten. Innerhalb dieser existieren sieben tertiäre unabhängige Einheiten und in all dem gibt es Prozesse mit wechselseitigen Beziehungen, gegenseitigen Einflüssen, usw.

Das ist der Grund für die Didaktik in den kosmischen Prüfungen: Wenn ein Eingeweihter siegreich aus einer bestimmten Prüfung der Wollust in der physischen Welt hervorgeht, kann er in dem selben Test als sekundäre oder tertiäre unterbewusste Einheit versagen.

Ein Eingeweihter kann siegreich aus Proben der Wollust in 48 unterbewussten Regionen hervorgehen, und in der neunundvierzigsten Region versagen. Die verschiedenen Einheiten oder Ichs, die in den 49 Regionen wohnen, die den 49 subjektiven Stadien des Opiums entsprechen, begehen üblicherweise entsetzliche Verbrechen, obwohl der Eingeweihte in der physischen Welt ein Heiliger sein kann.

Die unterbewussten Einheiten, die *Ichs,* die das Ego bilden, sind wahre und unabhängige Dämonen, die Teile unseres Bewusstseins gestohlen haben, und die das Gegenteil von dem tun, was wir wollen.

Wenn wir uns in der physischen Welt vornehmen keine Unzucht zu begehen, werden wir in den unterbewussten sekundären, tertiären, quartären, usw., genau das Gegenteil tun. Dort wird Unzucht getrieben, selbst wenn der Eingeweihte in der physischen Welt die vollkommene Keuschheit erreicht hat.

Das schwerwiegendste Problem ist dieser Zustand von Unabhängikeit, mit dem diese niederen unterbewussten Ichs handeln und leben. Das Schwerwiegendste ist nicht sagen zu können: Diese Einheiten sind etwas Fremdes, Verschiedenes. In Wirklichkeit sind diese Einheiten *Ich selbst*.

Viele Eingeweihte sind siegreich in dreißig oder vierzig Regionen wenn sie Proben zu diesem oder jenem Fehler unterzogen werden, aber in den anderen unterbewussten Regionen scheitern sie bedauerlicherweise. Es ist klar, dass solange diese niederen, unterbewussten Einheiten in den 49 unterbewussten Regionen weiter bestehen, unsere Fehler auch weiter bestehen.

Es ist notwendig jeden Fehler nicht nur im intellektuellen Niveau, sondern auch in jedem der 49 unterbewussten Bereichen des Verstandes zu verstehen.

Das schwierigste Problem entsteht in uns, wenn wir, obwohl wir einen Fehler in allen 49 unterbewussten Gebieten des Verstandes verstanden haben, dann scheitern, wenn wir den Prüfungen unterzogen werden.

Die gescheiterte Prüfung zeigt uns, dass wir den Fehler, denn wir auslöschen wollen, immer noch haben. Es ist klar, dass, wenn das Ich, das diesen Fehler den wir auflösen wollen, personifiziert, in irgendeiner unterbewussten Regionen weiter existiert, das Ergebnis das Scheitern in den Prüfungen ist.

Nur die Mutter Kundalini, die feurige Schlange unserer magischen Kräfte, kann uns in diesem Fall helfen, indem sie den Fehler aus unseren lunaren Körpern herausholt, herauszieht, beziehungsweise, das Ich, das ihn personifiziert.

Ohne unsere heilige Mutter wäre es unmöglich die versteckten Fehler, personifiziert in den kleinen niederen unterbewussten Ichs, aus den tiefen unterbewussten Regionen herauszuziehen.

Kundalini ist ein Wort, das aus zwei Teilen zusammengesetzt ist: Kunda, das uns an das abscheuliche Organ Kundartiguador erinnert, und Lini bedeutet Ende.

Kundalini bedeutet Ende des Organs Kundartiguador. Mit Kundalini enden die schlechten Auswirkungen des abscheulichen Organs Kundartiguador. Wir haben schon erwähnt und wiederholen, dass sich in dem vielfältigen Ich diese schlechten Auswirkungen des genannten finsteren Organs personifizieren.

Wer das vielfältige Ich auflösen will, muss die Eigenliebe und die Überbewertung von sich selbst aufgeben. Wer sehr an sich selbst hängt, wer sich selbst zu sehr liebt, wird niemals das vielfältige Ich auslöschen können.

Das praktische Leben, das soziale Zusammenleben, ist der Spiegel, indem wir uns selbst entdecken können. Im sozialen Zusammenleben kommen unsere versteckten Fehler zum Vorschein, sie treten spontan hervor, und wenn wir in einem wachsamen Zustand sind, sehen wir sie, wir entdecken sie.

Jeder versteckte Fehler muss schrecklichen intellektuellen Untersuchungen unterzogen werden, und nachdem wir ihn zutiefst verstanden haben, müssen wir ihn durch die Meditation auf allen Bereichen des Unterbewusstseins des Verstandes untersuchen und verstehen.

Das Verständnis führt den Eingeweihten zu unterbewussten Bereichen, wo wir wie ein Blatt im Wind sind, machtlos, unfähig den entdeckten Fehler auszulöschen.

Dann ist es nötig die heilige Mutter Kundalini um Hilfe zu bitten, nur sie kann den Dämon, der diesen Fehler personifiziert, aus dem tiefen Unterbewusstsein entfernen, sie hilft uns und wirft die niedere Einheit, die den Fehler den wir zu Staub verwandeln wollen, personifiziert, in die Höllenwelten.

Die unterbewussten niederen Einheiten unserer Fehler müssen mit Hilfe der heiligen Mutter Kundalini Schritt für Schritt in die Höllenwelten eintreten.

Die Leute begehren Tugenden, ohne zu verstehen, dass jede Art von Begierde das vielfältige Ich stärkt und es gibt viele Personen, die sich selbst betrügen, indem sie begehren nicht gierig zu sein.

Es gibt viele Personen, die die Tugend der Lieblichkeit begehren. Diese armen Menschen wollen nicht verstehen, dass nur indem wir alle Prozesse des Zorns, in allen unterbewussten Gebieten verstehen, die Tugend der Lieblichkeit in uns geboren wird.

Es gibt viele Personen, die die Tugend der Keuschheit begehren, diese Leute wollen nicht verstehen, dass nur indem sie alle Prozesse der Lüsternheit in allen unterbewussten Gebieten verstehen, in uns die Tugend der Keuschheit geboren wird. Der Stolz verkleidet sich gewöhnlich mit der Tunika der Demut, und es gibt viele Leute, die die Tugend der Demut begehren, ohne zu verstehen, dass nur indem sie den Stolz in allen unterbewussten Niveaus des Verstandes sezieren, in uns auf natürliche und einfache Weise die exotische Blume der Demut geboren wird.

Der Neid ist die geheime Antriebsfeder der gesamten sozialen Maschinerie und es gibt viele Leute, die die Tugend der Freude über das Glück der Anderen begehren, diese Leute wollen nicht verstehen, dass nur indem sie die unendlichen Prozesse des Neides in allen unterbewussten Gebieten des Verstandes verstehen, in uns die Tugend der Freude über das Glück der Anderen geboren wird.

Viele Faule begehren die Tugend der Aktivität, aber sie wollen nicht verstehen, dass nur indem sie die Prozesse der Faulheit in allen Gebieten des Verstandes verstehen, in uns der Fleiß, die Aktivität geboren wird.

Viele Gefräßige begehren die Tugend der Mäßigung, der Beherrschung, aber sie wollen nicht realisieren, dass nur indem sie die Prozesse der Gefräßigkeit in den verschiedenen Gängen und Windungen des Verstandes verstehen, in uns die Notwendigkeit wenig zu essen und mäßig zu trinken, auf natürliche und spontane Weise geboren wird.

Der Zorn verkleidet sich gewöhnlich mit der Robe eines Richters oder mit einem bitteren Lächeln. Es gibt viele Leute, die weder Geld noch soziale Positionen, usw., begehren, aber sie begehren Tugenden, Ehre, den Himmel, psychische Kräfte, usw.

Es gibt Personen, die unbeschreiblich keusch auf intellektuellem Niveau sind, aber fürchterlich unzüchtig in den verschieden unterbewussten Gebieten.

Die Unzucht verkleidet sich gewöhnlich mit einem Kompliment für die Frau, die vorbeigeht, oder mit einem angeblich sehr seriösen Gespräch mit den Personen des anderen Geschlechts oder dem Vorwand der Liebe zur Schönheit, usw.

Es gibt viele Personen, die weder Geld noch soziale Positionen, Posten, Ehre, Dinge begehren, aber sie beneiden die Heiligen, sie begehren ihre Tugenden um auch Heilige zu werden.

Es gibt Leute, die sich demütig kleiden, aber sie haben einen erhabenen Stolz, sie rühmen sich einfach zu sein, sie prahlen nicht und verstecken ihren Stolz nicht nur vor den Anderen, sondern auch vor sich selbst. Einige Gefräßige verkleiden ihre Gefräßigkeit mit ihrem Sonntagsgewand, andere versuchen ihren Fehler zu rechtfertigen, indem sie sagen, dass sie sich gut ernähren müssen, um zu arbeiten, usw.

Jeder Fehler hat viele Facetten und in den unterbewussten Gebieten wird er durch viele subjektive Einheiten oder kleine Ichs, die in unseren lunaren Körpern leben und sich in den Regionen oder unterbewussten Gebieten des Verstandes widerspiegeln, dargestellt.

Nur durch tiefes Verständnis und mit Hilfe der göttlichen Mutter Kundalini können wir diese Ichs in unseren lunaren Körpern vernichten. Der Eingeweihte muss, mit Hilfe der heiligen Mutter, nicht nur das Verlangen, sondern auch den Schatten des Verlangens und sogar die Erinnerung an diesen Schatten auslöschen.

Die Leute verwechseln die Leidenschaft mit der Liebe, es ist sehr schwierig im Leben ein Paar zu finden, das wirklich richtig verliebt ist. Das Einzige, was es auf der Welt gibt, sind die leidenschaftlichen Paare. Die Leidenschaft verkleidet sich mit den Gewändern der Liebe und spricht über Vergnügen und paradiesische Dinge. Es ist möglich, dass es auf der Welt einige wahrhaft verliebte Paare gibt, die sich lieben und anbeten, aber diese Fälle muss man mit der Laterne des Diogenes suchen.

Jeder leidenschaftliche Mensch kann schwören, dass er verliebt ist, dass er liebt, er kann sogar heiraten und viele Jahre oder sogar das ganze Leben zusammenleben, überzeugt, dass er verliebt ist, vollkommen getäuscht von dem Gift der Leidenschaft.

Der normale Mensch tut sich schwer diese Behauptungen zu akzeptieren, aber jeder Eingeweihte wird es wissen und verstehen, wenn er strengen Prüfungen in den verschiedenen unterbewussten Gebieten unterzogen wird.

Der Pfad des Lichts ist sehr eng, schmal und schwierig, aus diesem Grund wird er der Weg auf des Messers Schneide genannt.

In dem esoterischen oder öffentlichen Kreis der Menschheit gibt es viele Leute, die den Pseudo-Okkultismus studieren aber man wird selten eine ernsthafte Person finden, die wirklich entschlossen ist für ihre innere Selbstverwirklichung zu arbeiten. In der Praxis hat sich erwiesen, dass das Einzige was die Leute interessiert, ist sich zu unterhalten und sie haben aus dem Ganzen eine neue Form der Unterhaltung gemacht.

Überall gibt es reichlich Wankelmütige, die heute in einer Schule sind und morgen in einer anderen, die heute einen Vortragenden anhören und morgen einen anderen, die sich heute für eine Lehre begeistern und morgen für eine andere. All diese Wankelmütigen, die wir kennengelernt haben, verlieren bedauerlicherweise ihre Zeit und sterben, ohne sich selbstverwirklicht zu haben.

Innerhalb des Verstandes existiert ein kumulatives Zentrum, ein Zentrum, welches nur Theorien, Daten, Unterhaltung, usw., ansammeln will. Dieses Zentrum ist das vielfältige Ich.

Die verschiedenen Einheiten des Ichs genießen es zu sammeln, sie wollen sich unterhalten. Wenn eine dieser Einheiten sich für den Pfad auf Messers Schneide begeistert, wird sie sofort von einer anderen Einheit ersetzt, die nichts mit diesem Pfad zu tun haben will und dann sehen wir, dass diese Person einer anderen Schule beitritt und den Weg verlässt.

Das vielfältige Ich ist der schlimmste Feind der inneren Selbstverwirklichung. Das Schlimmste ist die feine Art des Betrugs. Wer den

Pfad auf Messers Schneide verlässt, glaubt fest dem Irrtum entgangen zu sein und den wahren Weg gefunden zu haben.

Jeder gnostische Schüler, der wirklich ein permanentes Bewusstseinszentrum erlangen will, um eine Kontinuität der Absichten und die innere Selbstverwirklichung zu erreichen, muss das vielfältige Ich auflösen, die verschiedenen niederen, unterbewussten Einheiten, die sich von Moment zu Moment in den fünf Zylindern der Maschine bilden, aus seinen lunaren Körpern entfernen.

Nur wenn wir aufhören egoistisch zu sein, werden uns individualisieren und nur, wenn wir eine wahre Individualität besitzen, hören wir auf wankelmütig zu sein, erlangen wir Ernsthaftigkeit und Kontinuität der Absichten.

Es ist notwendig den Stolz, der uns glauben lässt, heilig zu sein, aufzugeben, den auf dieser Welt ist es sehr schwierig, einen Heiligen zu finden.

Wir haben alle dieselben Fehler, und diejenigen, die einen bestimmten Fehler in einer Richtung nicht haben, haben ihn in einer Anderen, wir sind alle aus dem selben Holz geschnitzt.

Wir dürfen nicht die enge Verbindung vergessen, die zwischen den neunundvierzig unterbewussten Zuständen des Opiums und den neunundvierzig subjektiven Zuständen des intellektuellen Tieres, genannt Mensch, existiert.

Die Natur drückt sich überall aus, und die sieben mal sieben subjektiven Zustände des Opiums befinden sich im Menschen.

Wir müssen das Ich zu Staub reduzieren, aber das ist nur möglich auf der Grundlage von tiefem Verständnis und mit Hilfe der göttlichen Mutter Kundalini, der feurigen Schlange unserer magischen Kräfte.

13. Kapitel
Die Halskette des Buddha

Im Moment des Todes, sagt das tibetanische Buch des Todes, „hört man die vier Klänge, genannt Klänge, die heiligen Schrecken einflößen:

Der Klang der Lebenskraft des Elementes Erde, ein Klang wie ein zusammenstürzender Berg. Der Klang der Lebenskraft des Elementes Wasser, ein Klang wie die Wellen eines Ozeans. Der Klang der Lebenskraft des Elementes Feuer, ein Klang wie ein brennender Wald. Der Klang der Lebenskraft des Elementes Luft, ein Klang wie der von tausenden gleichzeitig vibrierenden Donnerschlägen. Der Ort, wo wir vor diesen Geräuschen Schutz suchen, ist der Mutterleib.

Der gewöhnliche intellektuelle Zustand des täglichen Lebens ist nicht alles. Das tibetanische Buch der Toten sagt: *Oh, edelmütiger Sohn, höre mit Aufmerksamkeit und ohne Ablenkung. Es gibt sechs Übergangsstadien des Bardo, diese sind: Der natürliche Zustand des Bardo während der Empfängnis. Der Bardo des Zustands der Träume. Der Bardo des statischen Gleichgewichts in der tiefen Meditation. Der Bardo des Momentes des Todes. Der Bardo des Gleichgewichts und der Erfahrung der Realität, und der Bardo des umgekehrten Prozesses der Samsara-Existenz (Rückblick des Lebens, das gerade beendet ist). Dieses sind die sechs Zustände.*

Mit diesem exotischen Begriff Bardo, bezeichnen die tibetischen Eingeweihten intelligenterweise diese sechs unterschiedlichen, verschiedenen Zustände des Bewusstseins, im Gegensatz zu den alltäglichen, intellektuellen, gewöhnlichen Zuständen des täglichen Lebens.

Jeder der stirbt muss drei Bardos durchleben: Den Bardo des Momentes des Todes, den Bardo der Erfahrung der Wirklichkeit und den Bardo der Suche nach der Wiedergeburt.

Es gibt vier Zustände der Materie, innerhalb derer sich alle Mysterien des Lebens und des Todes entfalten. Es gibt vier Kreise, vier Regionen, innerhalb derer alle Welten und Zeiten der Materie in mineralischem Zustand, der Materie in zellulärem Zustand, der Materie in molekularem Zustand, der Materie in elektronischem Zustand, vertreten sind. Das sind die vier alten Welten: Hölle, Erde, Paradies und Himmel.

Jeder Desinkarnierte muss sich anstrengen, um die dazwischenliegende Befreiung zu erreichen, ein ähnlicher Zustand wie der des Buddha in der Welt der freien Elektronen. Es ist notwendig zu wissen, dass die dazwischenliegende Befreiung die grenzenlose Glückseligkeit zwischen dem Tod und der neuen Geburt ist.

In den molekularen und elektronischen Regionen gibt es viele Nationen oder Reiche von unermesslicher Glückseligkeit, wo jeder Desinkarnierte geboren werden kann, wenn das Gesetz des Karma es erlaubt.

Diejenigen, die gutes Dharma haben, jene Personen, die sehr gute Werke vollbracht haben, können sich den Luxus eines schönen Urlaubs zwischen dem Tod und der neuen Geburt erlauben.

Wer viele gute Werke vollbracht hat, darf vor seiner Wiedergeburt auf der Erde wunderbarerweise im glückseligen Reich des Westens, zu Füssen des Buddha Amitaba, zwischen den Lotosblumen oder im Reich der höchsten Glückseligkeit oder im Reich der dichten Konzentration oder im Reich der langen Haare oder im Reich des Maitreya, usw., geboren werden. Die verschiedenen Reiche der molekularen und elektronischen Regionen erstrahlen vor Glück.

Es gibt viele Meister, die denjenigen Verstorbenen helfen, die es verdient haben. Diese Meister haben Methoden und Systeme, um das Buddhata, die Essenz, die Seele in der Arbeit der zeitweisen Befreiung von den lunaren Körpern und dem Ego zu orientieren, um in die Reiche der molekularen und elektrischen Regionen einzutreten.

Es ist bedauerlich, dass die Seele, die Essenz in ihre lunaren Körper, in denen das Ego wohnt, zurückkehren muss. Diese Rückkehr ist unvermeidlich, um in der Welt wiedergeboren zu werden. Die Seelen, die die dazwischenliegende Befreiung erreichen, sind sehr wenige (nicht zu verwechseln mit der endgültigen Befreiung).

Jede Seele kann, nach dem Tod, in die Reiche der Glückseligkeit der molekularen und elektronischen Welten aufsteigen, oder in die Höllenwelten des Mineralreiches absteigen, oder sofort in einen ähnlichen Körper wie den, den er zuvor hatte, zurückkehren.

Diese drei Wege der fatalen Brücke von Chivat sind sehr weise und mit überraschender Klarheit in der Zoroastrischen Legende beschrieben: *All jene, deren gute Werke ihre Sünden um drei Gramm überschreiten, kommen in den Himmel; all jene, deren Sünden mehr sind, kommen in die Hölle; ebenso wie diejenigen wo beides gleich ist, im Hamistikan bleiben bis zu ihrem zukünftigen Körper oder der Auferstehung.*

Das Gesetz des Karma, dieses weise Gesetz, das die Wirkung an die Ursache angleicht, weist jedem Einzelnen nach dem Tode zu, was er verdient. Gesetz ist Gesetz, und das Gesetz erfüllt sich.

Die dazwischenliegende Befreiung, die Glückseligkeit in den Reichen der molekularen und elektronischen Regionen hat eine Grenze, wenn die Belohnung aufgebraucht ist, kehrt die Essenz in die lunaren Körper, wo das Ego wohnt, zurück. Später kommt die Rückkehr, die Wiederverkörperung, der Eintritt in eine neue Gebärmutter.

Das tibetanische Buch der Toten sagt: „Lenke deinen Wunsch und tritt in die Gebärmutter ein. Und richte gleichzeitig deine Wellen der Schenkung (der Gnade oder des guten Willens) auf die Gebärmutter, in die du eintreten wirst (und so wandelst du sie um) in ein himmliches Haus."

In diesen Zeiten gibt es nur sehr wenige Seelen, die, nach dem Tod in die verschiedenen Reiche der molekularen und elektronischen Regionen eintreten. Das Ego wurde mit der Zeit zu kompliziert, übertrieben stark, deswegen ist die Essenz, die Seele, zu fest an den lunaren Körper gefesselt.

In diesen Zeiten der weltweiten Krise werden die meisten Seelen in der Hölle geboren (im Mineralreich) damit sie nicht wiederkehren, oder sie reinkarnieren sofort, ohne in die Reiche der Götter aufzusteigen.

Das große Gesetz gibt jedem menschlichen Wesen nur 108 Leben und das erinnert uns an die Halskette des Buddha mit ihren 108 Perlen. Wenn das menschliche Wesen die 108 Perlen der Halskette des Buddha nicht zu nutzen weiß, wenn das menschliche Wesen die Selbstverwirklichung, in diesen 108 Leben nicht erreicht, wird es in den Höllenwelten der Natur geboren. Normalerweise steigen alle Menschen in die Höllenwelten hinab, wenn ihre Zeit abgelaufen ist.

Viele Propheten, Avatare und Retter, die die Schrecken des Abyssus verstanden haben, sind in diese Welt gekommen, sie wollten uns retten, aber der Menschheit gefallen die Avatare, die Retter nicht. Die Menschheit ist nicht an der Erlösung interessiert.

Die innere Selbstverwirklichung ist nur möglich aufgrund von schrecklichen Überanstrengungen, und der Menschheit gefallen die

Überanstrengungen nicht. Die Leute sagen: *Essen und trinken wir, denn morgen werden wir sterben.*

Die innere Selbstverwirklichung kann niemals das Resultat irgendeiner Mechanik sein, selbst wenn diese evolutionär ist. Das Gesetz der Evolution und seine Zwillingsschwester, das Gesetz der Involution sind rein mechanische Gesetze der Natur, die niemanden selbstverwirklichen können.

Wer sich selbstverwirklichen will, muss auf des Messers Schneide gehen, auf dem schwierigen Weg der Revolution des Bewusstseins. Dieser Weg ist bitterer als Galle, dieser Weg gefällt niemandem.

Es ist notwendig, dass der geheime Meister in uns geboren wird, es ist notwendig zu sterben, das Ego muss sterben. Es ist dringend notwendig, uns selbst für die Menschheit zu opfern, das ist das Gesetz des solaren Logos, er opfert sich, indem er sich in den Welten kreuzigt, damit alle Wesen Leben im Überfluss haben.

Die Geburt ist ein sexuelles Problem, Sterben ist eine Frage der Auflösung des Egos, sich für die Menschheit opfern ist Liebe. Das Verbleiben in der neunten Sphäre über 20 oder 30 Jahre hinweg, um das Recht zu erhalten in den höheren Welten geboren zu werden, das Sterben, das Auflösen des geliebten Ichs, das Opfer für die Menschheit, das gefällt den Leuten nicht.

Die Menschheit interessiert sich nicht für die innere Selbstverwirklichung, und es ist klar, dass man niemandem das geben kann, was er nicht will. Das Einzige, was die Leute interessiert, ist Geld anhäufen, essen, trinken, sich fortpflanzen, sich amüsieren, Macht haben, Prestige, usw. Das erklärt, warum es Wenige sind, die sich retten: „Viele sind gerufen und wenige sind auserwählt."

Auf der Welt gibt es reichlich Leute, die sich scheinbar selbstverwirklichen wollen, um das Recht zu haben in das Reich des Esoterismus einzutreten, aber diese Leute wollen sich im Grunde nur mit diesen Studien amüsieren und das ist alles.

Diese Leute sind flatterhaft, sie sind heute in einer Schule und morgen in einer anderen, sie kennen den Weg nicht, und wenn sie ihn kennenlernen, sind sie am Anfang sehr begeistert und später, wenn sie sehen, dass die Arbeit ernsthaft ist, fliehen sie erschrocken und suchen Zuflucht in einer anderen Schule.

Die Linie des Lebens ist spiralförmig und die Menschheit steigt in jeder Reinkarnation die Wendeltreppe weiter hinab, bis sie die Höllenwelten des Mineralreichs erreicht.

In der Hölle (Mineralreich) ist die Zeit zehnmal länger, zehnmal langsamer und schrecklich langweilig. Alle 100 Jahre wird dort eine karmische Rechnung bezahlt.

Der Abstieg in die Höllenwelten ist eine Reise rückwärts, eine zeitliche Involution, zurückgehend, durch tierische, pflanzliche und mineralische Zustände. Beim Erreichen des fossilen Zustandes verwandelt sich das Ego und seine lunaren Körper zu kosmischem Staub.

Wenn das Ego und die lunaren Körper in der Hölle zu Staub werden, befreit sich die Seele, sie kehrt zurück zum ursprünglichen Chaos, bereit um erneut zu evolutionieren, während vieler Ewigkeiten durch die mineralischen, pflanzlichen und tierischen Zustände aufzusteigen, bis sie den menschlichen Zustand wieder erreicht.

Wer die 108 Leben, repräsentiert durch die 108 Perlen der Halskette des Buddha, nicht nutzt, wird in den Höllenwelten geboren.

Das ist das hinduistische Naraka, das sich unter der Erde und unter dem Wasser befindet, das babylonische Aralu, das Land ohne Wiederkehr, das Gebiet der dichten Dunkelheit, das Haus, dessen Einwohner das Licht nicht sehen, das Gebiet, wo Staub ihr Brot ist und Schlamm ihre Nahrung.

Das ist der Schmelztiegel, wo die starren Formen, die lunaren Körper und das Ego schmelzen müssen, zu Staub werden müssen, damit die Seele sich befreit.

Wie lange die Seele in den Höllenwelten leben muss, ist abhängig von ihrem Karma. Es ist klar, dass jene schrecklichen schwarzen Magier, die das Organ Kundartiguador und die Chakras des Unterleibs entwickelt haben, die Luzifers, Anagarikas, Ahrimans, usw., ganze Ewigkeiten, komplette Mahamvantaras, in diesen Höllenregionen leben, bevor sie zu kosmischem Staub verwandelt werden.

Die normalen, durchschnittlichen Leute, die sich nicht selbstverwirklicht haben, weil die Selbstverwirklichung sie nicht interessiert, die aber nicht wirklich pervers waren, bleiben nur 800 bis 1000 Jahre in den Höllenwelten.

Die schwersten Strafen sind für diejenigen, die die Götter entehrt haben, die gefallenen Boddhisattwas, die Hanasmussen mit doppeltem Schwerkraftzentrum und für die Vater- und Muttermörder, für die Mörder, Kriegsherren und die Meister der schwarzen Magie. Das tibetanische Buch der Toten sagt: Wenn du dort hingelangst, wirst du unerträgliches Leid ertragen müssen und dort wird es keine bestimmte Zeit geben, zu entkommen.

In die Höllenwelten kommen nicht nur die wirklich Perversen, sondern auch diejenigen, die schon ihre 108 Leben gelebt haben und sich nicht selbstverwirklicht haben: Der Baum, der keine Früchte gibt, wird gefällt und ins Feuer geworfen.

Die Theosophen sagen, dass es drei Wege der Perfektion gibt und Annie Besant schrieb über diese drei Wege. Die drei Wege haben die Namen Karma-Yoga, Jnana-Yoga, Bhakti-Yoga. Karma-Yoga ist der Weg der rechten Handlung. Jnana-Yoga ist der Weg des Verstandes. Bhakti-Yoga ist der Weg der Hingabe.

Mit Karma-Yoga leben wir rechtschaffen, ernten viel Dharma (Belohnung), aber wir bauen nicht unsere solaren Körper auf, denn das ist ein sexuelles Problem.

Mit Jnana-Yoga stärken wir Meditation und Yoga, aber wir bauen nicht die solaren Körper auf, denn dies ist eine Arbeit mit dem sexuellen Wasserstoff Si-12.

Mit Bhakti-Yoga können wir dem Weg der Hingabe folgen und die Ekstase erreichen, aber das bedeutet nicht, dass die solaren Körper aufgebaut werden.

Es gibt Schulen, die die Existenz von sieben Wegen bestätigen, und gibt einige, die sagen, dass es zwölf Wege gibt.

Jesus der Christus sagte: *Geht durch das enge Tor! Denn das Tor ist weit, das ins Verderben führt, und der Weg dahin ist breit und viele gehen auf ihm. Aber das Tor, das zum Leben führt, ist eng und der Weg dahin ist schmal und nur wenige finden ihn.*

Der Meister der Meister sprach nie von drei Pforten oder drei Pfaden. Er sprach nur von einer einzigen Pforte und einem einzigen Pfad. Woher kommt die Idee von den drei Wegen der Befreiung? Woher nehmen andere Schulen das mit den sieben Pforten oder Wegen der Befreiung? Woher nehmen andere pseudo-okkultistische und pseudoesoterische Organisationen das mit den zwölf Wegen?

In Wirklichkeit existiert nur ein einziger Weg und eine einzige Pforte. Kein menschliches Wesen weiß mehr als der Christus, und er sprach weder von drei, noch von sieben, noch von zwölf Pfaden. Der Pfad hat viel vom Karma-, Jnana- und Bhakti-Yoga und von den sieben Yogas, aber es existiert nur ein einziger, schmaler, enger und entsetzlich schwieriger Weg.

Der Weg ist verschieden, entgegengesetzt dem gewöhnlichen alltäglichen Leben. Der Weg ist hundertprozentig revolutionär, er ist gegen alles und gegen jeden. Der Weg ist bitterer als Galle.

Das ist der Weg der Revolution des Bewusstseins, mit seinen drei Faktoren, geboren werden, sterben und sich für die Menschheit opfern. Auf dem Weg muss das arme intellektuelle Tier sich in etwas anderes verwandeln.

Es sind sehr wenige, die den Weg finden und es sind noch weniger, die den Weg nicht verlassen. In Wirklichkeit können sich nicht alle menschlichen Wesen entwickeln und sich ändern.

Auch wenn das ungerecht erscheint, ist es im Grunde nicht so. Die Leute wollen nicht anders sein, es interessiert sie nicht und man soll niemandem das geben, was er nicht will, das was er nicht begehrt, was ihn nicht interessiert.

Warum sollte der Mensch etwas bekommen, was er nicht will? Wenn das arme intellektuelle Tier, fälschlicherweise Mensch genannt, gezwungen würde, sich in ein anderes Wesen umzuwandeln, obwohl es so zufrieden ist, wie es ist, dann wäre es tatsächlich eine große Ungerechtigkeit.

Es ist einleuchtend, dass alles in der Natur dem Gesetz der Zahlen, der Maße und Gewichte unterworfen ist. Für jeden Menschen gibt es 108 Leben, und wenn er das nicht zu nutzen weiß, vergeht die Zeit, und der Eintritt in die Höllenwelten wird unvermeidlich.

Die innere Selbstverwirklichung des Menschen kann niemals das Resultat der mechanischen Evolution der Natur sein, sondern die Frucht von fürchterlichen Überanstrengungen und der Menschheit gefallen die Überanstrengungen nicht.

14. Kapitel
Gnosis

Wir werden nun ein Kapitel des chinesischen Evangeliums, das sogenannte Tao, studieren, mit der Absicht unsere gnostische Doktrin besser zu erläutern.

Cha Hsiang Tzu hat eine Kompanie von 100.000 Männern ausgesandt, um in der zentralen Bergkette zu jagen.

Mit einem Zündfunken entfachten sie ein Feuer, das sich im ganzen Wald verbreitet hat und den Feuerschein konnte man aus der Entfernung von hunderten Kilometern sehen. Plötzlich erschien ein Mann, der aus den Flammen kam und den man im Rauch sehen konnte.

Alle hielten ihn für einen Geist, und als das Feuer ausging, kam er schnell heraus ohne die geringste Verbrennung. Verwundert darüber hielt ihn Hsiang Tzu auf, um ihn sorgfältig zu untersuchen.

Sein Körper war zweifellos der eines Mannes, mit seinen fünf Sinnen, seiner Atmung und seiner Stimme. Also fragte der Prinz ihn, was für eine seltsame Kraft ihm erlaubte über den Abgrund und durch die Flammen zu gehen.

Was glaubt ihr, was ein Fels ist. Was glaubt ihr, was das Feuer ist? , fragten der Mann.

Hsiang Tzu sagte: *Woher kommst du, und wo bist du gewesen?*.

Ich weiß nichts von alledem, antwortete der Mann.

Der Zwischenfall kam dem Marquis Wen des Staates Wei, zu Ohren, der mit Tzu Hsia darüber sprach.

Er sagte: *Was für ein außergewöhnlicher Mann er sein muss!*

Soweit ich den Meister sagen hörte – antwortete Tzu Hsia –, *erreicht der Mensch, der mit dem Tao in Einklang ist, eine enge Verbindung mit äußeren Objekten und keines davon kann ihm schaden. Er kann durch Metall und festen Stein gehen, er kann durch Feuer und über Wasser gehen, alles ist möglich für ihn.*

Warum mein Freund – sagte der Marquis – *kannst du das alles nicht machen?*

Ich habe es noch nicht erreicht – antwortete Tzu Hsia – *mein Herz von Unreinheiten und falscher Weisheit zu reinigen. Es gefällt mir, nur über das Thema zu diskutieren.*

Und warum, fragte der Marquis, *macht der Meister nicht dasselbe?*

Der Meister – antwortete Tzu Hsia – *kann diese Dinge tun, aber er kann es auch unterlassen, sie zu tun.*

Diese Antwort begeisterte den Marquis.

Es ist notwendig das heilige Feuer im zentralen Gebirge, das heißt in der Wirbelsäule, zu entzünden. Die Mutter Kundalini verleiht dem Eingeweihten außergewöhnliche Kräfte über Feuer, Luft, Wasser und Erde.

Was glaubt ihr, was ein Fels ist?

Das erinnert uns an den philosophischen Stein der alten mittelalterlichen Alchemisten.

Das erinnert uns an die Doktrin des Petrus. Petrus bedeutet Fels, Petrus war einer der zwölf Apostel des Christus, dessen Geburt wir in dieser Weihnachtsnacht feiern.

Die Doktrin von Petrus ist die Doktrin der Sexualität, der Wissenschaft des Maithuna (Sexualmagie). Der lebendige Stein ist die Sexualität, der Stein, der Fels, auf dem wir unseren inneren Tempel für den intimen Christus, unseren Herrn, errichten sollen.

Und Petrus sagte: *Seht her, ich lege in Zion einen auserwählten Stein, einen Eckstein, den ich in Ehren halte; wer an ihn glaubt, der geht nicht zugrunde. Euch, die ihr glaubt, gilt diese Ehre. Für jene aber, die nicht glauben, ist dieser Stein, den die Bauleute verworfen haben, zum Eckstein geworden, zum Stein, an den man anstößt, und zum Felsen, an dem man zu Fall kommt.*

Wer das Feuer im zentralen Gebirge (der Wirbelsäule) entzündet, errichtet den Tempel (bildet die solaren Körper) und erreicht die Harmonie mit dem Tao (inkarniert das Sein).

Jesus der Christus, dessen Geburt wir heute Nacht feiern, sagte:

Wer diese meine Worte hört und danach handelt, ist wie ein kluger Mann, der sein Haus auf Fels baute (die Sexualität). Als nun ein Wolkenbruch kam und die Wassermassen heranfluteten, als die Stürme tobten und an dem Haus rüttelten, da stürzte es nicht ein; denn es war auf Fels gebaut (die Sexualität).

Wer aber meine Worte hört und nicht danach handelt, ist wie ein unvernünftiger Mann, der sein Haus auf Sand baute. (Theorien und Praktiken aller Art, mit Ausnahme des Maithuna oder Sexualmagie.)

Als nun ein Wolkenbruch kam und die Wassermassen heranfluteten, als die Stürme tobten und an dem Haus rüttelten, da stürzte es ein und wurde völlig zerstört (der Fall in den Abgrund).

Und wer diese Rede höret, und tut sie nicht, der ist einem törichten Manne gleich, der sein Haus auf Sand baute (Theorien und Praktiken aller Art, die das Maithuna ablehnen. Sexual Magie): und der Regen und die Fluten kamen, und der Wind blies, und schlugen gegen das Haus, da fiel es und groß war sein Fall (der Fall in den Abyssus).

Auf der Welt errichten Millionen von Menschen ihr Haus auf Sand und hassen das Maithuna (Sexualmagie), sie wollen nicht auf Stein, auf Fels (die Sexualität) bauen, sie bauen auf den Sand ihrer Theorien, Schulen, usw., und glauben, dass sie alles richtig machen.

Diese armen Leute sind aufrichtig Irrende mit sehr guten Absichten, aber sie werden in den Abgrund stürzen.

Jeder, der in den höheren Welten geboren wird, muss das Ego zu Staub reduzieren, um sich von den lunaren Körpern zu befreien und all die priesterlichen Kräfte der hohen Magie auszuüben. Der Meister, der das vielfältige Ich nicht ausgelöscht hat, der Meister, der die lunaren Körper nicht eliminiert hat, kann die priesterlichen Kräfte noch nicht ausüben, weil er sein Herz nicht von Unreinheiten und falscher Weisheit gereinigt hat.

Jesus sagte zu seinen Jüngern:

Lasset weder Tag noch Nacht ab zu suchen, bis ihr die Mysterien des Lichtreiches gefunden habt. Denn sie werden euch reinigen und euch zum Lichtreich bringen.

Sagt ihnen: Entsagt der Welt und allem, was darin ist. Und all ihrer Grausamkeit und all ihrer Sünden und all ihrer Völlerei.

Und all ihren Reden und allem, was in ihr ist, damit ihr der Mysterien des Lichtes würdig seid. Damit ihr beschützt seid vor den Qualen, die für jene sind, die sich abgewendet haben von den Guten.

Und sagt ihnen: Entsagt dem Murren, damit ihr geschützt seid vor dem Feuer des Hundsgesichtes.

Und sagt ihnen: Entsagt dem Schwur, damit ihr der Mysterien des Lichtes würdig seid. Und damit ihr befreit seid, von den Qualen des Ariel.

Sagt ihnen: Entsagt der unaufrichtigen Sprache, damit ihr der Mysterien des Lichtes würdig seid. Und damit ihr geschützt seid vor den glühenden Flüssen der Zunge des Hundes.

Sagt ihnen auch: Entsagt den falschen Zeugnissen, damit ihr der Mysterien des Lichtes würdig seid. Und damit ihr geschützt seid vor den glühenden Flüssen des Hundsgesichtes.

Sagt ihen: Entsagt dem Stolz und der Eitelkeit, damit ihr der Mysterien des Lichtes würdig seid. Und damit ihr geschützt seid vor dem Abgrund des Feuers von Ariel.

Und sagt ihnen: Entsagt der Eigenliebe, damit ihr der Mysterien des Lichtes würdig seid. Und damit ihr geschützt seid vor den Qualen der Hölle (Mineralreich).

Entsagt der Beredsamkeit (Redeschwall des Intellektualismus ohne Spiritualität), damit ihr dem Lichte würdig seid. Und damit ihr geschützt seid vor den Flammen der Hölle.

Entsagt den schlechten Gedanken, damit ihr der Mysterien des Lichtes würdig seid. Und damit ihr geschützt vor den Peinigungen der Hölle.

Entsagt der Habsucht, damit ihr der Mysterien des Lichtes würdig seid. Und damit ihr frei seid vor den Rauchschwaden des Hundsgesichtes.

Entsagt der Räuberei, damit ihr der Mysterien des Lichtes würdig seid. Und damit ihr geschützt seid vor den Strömungen von Ariel.

Entsagt der schlechten Worte, damit ihr der Mysterien des Lichtes würdig seid. Und damit ihr gerettet werdet vor den Qualen der Rauchschwaden.

Entsagt der Betrügerei, damit ihr der Mysterien des Lichtes würdig seid. Und damit ihr geschützt seid vor den Feuermeeren von Ariel.

Entsagt der Grausamkeit, damit ihr der Mysterien des Lichtes würdig seid. Und damit ihr geschützt seid vor den Qualen des Drachenschlundes.

Entsagt der Wut, damit ihr der Mysterien des Lichtes würdig seid. Und damit ihr geschützt vor den Rauchschwaden des Drachenschlundes.

Entsagt der Ungehorsamkeit, damit ihr der Mysterien des Lichtes würdig seid. Und damit ihr geschützt vor den Dämonen von Jaldabaoth und vor der Glut des Feuermeeres.

Entsagt der Wut, damit ihr der Mysterien des Lichtes würdig seid. Und damit ihr geschützt vor den Dämonen von Jaldabaoth und seinen Qualen.

Entsagt dem Ehebruch, damit ihr der Mysterien des Lichtes würdig seid. Und damit ihr geschützt seid vor dem Schwefelmeer und dem Schlund des Löwen.

Entsagt dem Totschlag, damit ihr der Mysterien des Lichtes würdig seid. Und damit ihr geschützt vor dem Archonten der Krokodile, der die erste Kreatur in der äußeren Finsternis ist.

Entsagt den perversen und gottlosen Werken, damit ihr der Mysterien des Lichtes würdig seid. Und damit ihr geschützt seid vor den Archontes der äußeren Finsternis.

Entsagt der Unbarmherzigkeit, damit ihr der Mysterien des Lichtes würdig seid. Und damit ihr geschützt seid vor dem Heulen und Zähneknirschen.

Entsagt der Vergiftungen, damit ihr der Mysterien des Lichtes würdig seid. Und damit ihr gerettet werdet vor dem großen Frost und dem Hagel der äußeren Dunkelheiten.

Entsagt der Gotteslästerung, damit ihr der Mysterien des Lichtes würdig seid. Und damit ihr geschützt seid vor allen Qualen des großen Drachen der äußeren Dunkelheiten.

Und sagt zu jenen, die schlechte Doktrinen predigen und hören: Verdammt seid ihr!

Weil, wenn ihr eure Bosheit nicht bereut, werdet ihr in die rigorosen Qualen des großen Drachen und der äußeren Dunkelheiten fallen.

Und nichts auf der Welt wird euch retten, bis in alle Ewigkeit. Sondern ihr werdet existenzlos sein bis zu Ende (ihr werdet eintreten in das Land ohne Wiederkehr, die Höllenwelten).

Und sagt zu jenen, welche die Doktrin der Wahrheit der ersten Mysterien außer Acht lassen: Verdammt seid ihr!

Weil die Qualen, die ihr erfahren werdet, diejenigen übertreffen, die die anderen Menschen erfahren werden.

Und ihr werdet in der Kälte verweilen inmitten der Drachen in den äußeren Dunkelheiten.

Und nichts wird euch retten können bis in alle Ewigkeit (bis ihr euch in Staub verwandelt in den Höllenwelten des Mineralreiches).

Und sagt ihnen: liebt alle Menschen, damit ihr der Mysterien des Lichtes würdig seid. Und damit ihr euch in das Reich des Lichtes erhebt.

Seid liebevoll, damit ihr die Mysterien des Lichtes empfangen könnt und euch zum Mysterium des Lichtes erhebt.

Steht den Armen und Kranken bei, damit ihr würdig werdet, die Mysterien des Lichtes zu empfangen und euch zum Reich des Lichtes erhebt.

Liebt Gott um das Mysterium des Lichtes zu empfangen und in das Reich des Lichtes einzugehen.

Seid karitativ, damit ihr das Mysterium des Lichtes empfangen könnt und in das Reich des Lichtes eingeht.

Seid heilig um das Mysterium des Lichtes zu empfangen und euch zum Reich des Lichtes zu erheben.

Entsagt allem, um dem Mysterium des Lichtes würdig zu sein und euch zum Reich des Lichtes zu erheben.

Denn das sind die Wege derer, die sich dem Mysterium des Lichtes würdig erwiesen haben.

Und wenn ihr Menschen findet, die dem entsagen, was das Böse ausmacht und das praktizieren was ich sage, übermittelt ihnen die Mysterien des Lichtes ohne etwas zu verbergen.

Und falls sie Sünder sind, und die Sünden und Fehler begangen haben, die ich euch aufgezählt habe, gebt ihnen auch die Mysterien, damit sie sich bekehren und Buße tun, und verbergt nichts vor ihnen.

Denn ich habe euch die Mysterien auf diese Welt gebracht, um alle Sünden, die von Beginn an begangen wurden, zu tilgen.

Und deshalb habe ich euch gesagt, dass ich nicht gekommen bin, um die Gerechten zu rufen. Ich habe die Mysterien gebracht um die Sünden von allen zu tilgen und damit alle zum Reiche des Lichtes gebracht werden.

Weil diese Mysterien eine Gabe des ersten Mysteriums sind, um die Sünden auszulöschen.

15. Kapitel

Die Teilung der Aufmerksamkeit

Wer unsere gnostischen Lehren studiert hat, wer diese Weihnachtsbotschaft studiert hat, und sich wirklich für den Pfad auf Messers Schneide und die innere Selbstverwirklichung des Seins interessiert, wird die Sehnsucht fühlen die großen Wahrheiten der höheren Welten zu sehen, hören, riechen, fühlen und tasten.

Jedes menschliche Wesen kann die Erfahrung der Realität erreichen. Jedes menschliche Wesen hat das Recht die großen Erlebnisse des Geistes, die Reiche und Nationen der molekularen und elektronischen Regionen kennenzulernen.

Jeder Anwärter hat das Recht zu Füßen des Meisters zu studieren, durch die prächtigen Tore der Tempel der höheren Mysterien einzutreten, mit den leuchtenden Söhnen der Morgenröte des Mahamvantara der Schöpfung zu sprechen, von Angesicht zu Angesicht, aber man muss mit dem Erwecken des Bewusstseins beginnen.

Es ist unmöglich in den höheren Welten erwacht zu sein, wenn der Anwärter hier in dieser zellulären, physischen, materiellen Welt schläft. Wer in den inneren Welten das Bewusstsein erwecken will, muss hier und jetzt, in dieser dichten Welt, erwachen.

Wenn der Anwärter hier in dieser physischen Welt das Bewusstsein nicht erweckt hat dann umso weniger in den höheren Welten.

Wer das Bewusstsein hier und jetzt erweckt, erwacht an jedem Ort. Wer das Bewusstsein hier in der physischen Welt erweckt, wird tatsächlich und aus eigenem Recht in den höheren Welten erwachen.

Das Erste, das notwendig ist, um das Bewusstsein zu erwecken, ist zu wissen, dass man schläft. Zu verstehen, dass man schläft, ist etwas sehr Schwieriges, weil alle Leute normalerweise absolut überzeugt sind, dass sie wach sind. Wenn ein Mensch versteht, dass er schläft, beginnt der Prozess des Selbsterweckens.

Wir sagen etwas, was niemand akzeptiert. Wenn man irgendeinem intellektuellen Menschen sagt, dass er schläft, können wir sicher sein, dass er beleidigt ist, die Leute sind vollkommen überzeugt, dass sie wach sind.

Die Leute arbeiten schlafend, träumend ... lenken Autos schlafend ... träumend ... sie heiraten schlafend, leben schlafend ... träumend und dennoch sind sie vollkommen überzeugt, dass sie wach sind.

Wer das Bewusstsein hier und jetzt erwecken will, muss anfangen die drei unterbewussten Faktoren, genannt Identifikation, Faszination, und Traum zu verstehen.

Jede Art von Identifikation erzeugt Faszination und Traum. Ihr geht durch die Straße und plötzlich trefft ihr eine Menge, die vor dem Palast des Präsidenten protestiert. Wenn ihr nicht im Zustand der Aufmerksamkeit seid, werdet ihr euch mit der Menge identifizieren, ihr werdet euch mit den Massen mischen, euch faszinieren und dann kommt der Traum, ihr schreit, werft Steine, tut Dinge, die ihr unter anderen Umständen nicht für eine Million Dollar tun würdet.

Sich selbst zu vergessen, ist ein Fehler mit unberechenbaren Konsequenzen. Sich mit etwas zu identifizieren ist der Gipfel der Dummheit, weil die Folge Faszination und Traum sein werden.

Es ist unmöglich, dass jemand das Bewusstsein erweckt, wenn er sich selbst vergisst, wenn er sich identifiziert. Es ist unmöglich, für einen Anwärter Bewusstsein zu erwecken, wenn er sich faszinieren lässt, wenn er einschläft.

Der Boxer, der gegen einen anderen Boxer kämpft, schläft tief, er träumt, er ist vollkommen mit dem Ereignis identifiziert, er ist fasziniert, und wenn er sein Bewusstsein erwecken würde, würde er in alle Richtungen sehen und sofort aus dem Ring flüchten, vollkommen beschämt über sich selbst und über das verehrte Publikum.

Du reist mit irgendeinem städtischen Transportmittel in der Stadt, du musst das Fahrzeug in einer bestimmten Straße verlassen, plötzlich kommt dir die Erinnerung an eine geliebte Person, du identifizierst dich mit dieser Erinnerung, es kommt die Faszination und später der Wachtraum.

Plötzlich rufst du: Wo bin ich? Du meine Güte! ... Ich habe meine Haltestelle verpasst! Ich sollte an dieser Ecke, in dieser Straße aussteigen. Später merkst du, dass dein Bewusstsein abwesend war, du steigst aus dem Fahrzeug und kehrst zu Fuß zu der Ecke zurück, an der du hättest aussteigen sollen.

Wer das Bewusstsein erwecken möchte, muss anfangen, seine Aufmerksamkeit in drei Teile zu teilen: Subjekt, Objekt, Ort.

Subjekt: innere Erinnerung an sich selbst, von Moment zu Moment. Sich selbst nicht vergessen bei keiner Vorstellung, bei keinem Ereignis.

Objekt: sich mit nichts identifizieren, mit keiner Begebenheit, beobachten ohne Identifikation, ohne sich selbst zu vergessen.

Ort: Frage dich selbst: Welcher Ort ist das? Den Ort genau beobachten, sich selbst fragen: Warum bin ich an diesem Ort?

Die Teilung der Aufmerksamkeit in drei Teile führt den Anwärter bis zum Erwecken des Bewusstseins. Die großen Realitäten der höheren Welten erleben zu wollen, ohne das Bewusstsein hier und jetzt erweckt zu haben, bedeutet den falschen Weg zu gehen.

Das Erwachen des Bewusstseins verursacht die Entwicklung des räumlichen Sinnes und die Erfahrung von dem, was wirklich ist.

16. Kapitel
Innere Selbsterinnerung

Obwohl es unglaublich scheint, erinnert der Schüler sich nicht an sich selbst, wenn er sich beobachtet.

Zweifellos fühlen die Anwärter sich selbst nicht; sie sind sich selbst nicht bewusst. Es mag unglaubwürdig erscheinen, aber wenn der gnostische Anwärter seine Art zu lachen, zu sprechen, zu gehen, usw., selbst beobachtet, vergisst er sich selbst, das ist unglaublich, aber wahr.

Andererseits ist es unerlässlich zu versuchen, sich an sich selbst zu erinnern, während man sich selbst beobachtet, das ist grundlegend um das Bewusstsein zu erwecken. Sich selbst beobachten, sich selbst kennenlernen, ohne sich selbst zu vergessen, ist fürchterlich schwierig aber entsetzlich notwendig, um das Bewusstsein zu erwecken.

Das, was wir sagen, scheint töricht zu sein, die Leute wissen nicht, dass sie schlafen, sie wissen nicht, dass sie sich nicht an sich selbst erinnern, selbst wenn sie in einen Spiegel schauen, selbst wenn sie sich ausführlich und genau beobachten.

Sich selbst zu vergessen, sich nicht an sich selbst zu erinnern, ist wirklich das *Causa Causorum* der ganzen menschlichen Unwissenheit. Wenn irgendein Mensch tief versteht, dass er sich nicht an sich selbst erinnern kann, dass er sich seiner selbst nicht bewusst ist, ist er sehr nahe daran, das Bewusstsein zu erwecken.

Wir sprechen hier über etwas, worüber man sehr tief nachdenken sollte, das, was wir hier sagen ist sehr wichtig und man kann es nicht verstehen, wenn man es nur mechanisch liest.

Unsere Leser sollen nachdenken. Die Leute sind nicht fähig ihr eigenes Ich zu fühlen, es von einem Zentrum zum anderen zu verschieben, usw., solange sie sich selbst beobachten.

Seine eigene Art zu sprechen, lachen, gehen, usw., zu beobachten, ohne sich selbst zu vergessen, während man das eigene Ich fühlt, ist sehr schwierig und trotzdem grundsätzlich, grundlegend, um das Erwecken des Bewusstseins zu erreichen.

Der große Meister Ouspenky sagte: *Der erste Eindruck, der entstand, bei der Anstrengung um bewusst über mein Sein zu sein, um bewusst von mir selbst als Ich, mir selbst zu sagen: Ich gehe, ich mache, und versuchen dieses Ich am Leben zu halten, es in mir zu fühlen, war folgender: Der Verstand blieb wie eingeschlafen, wenn ich das Ich erfasste, konnte ich weder denken noch sprechen, sogar die Intensität der Sinne hat sich verringert, außerdem war es nur möglich, eine sehr kurze Zeit in diesem Zustand zu bleiben.*

Es ist notwendig das vielfältige Ich aufzulösen, zu Staub zu reduzieren, aber wir müssen es kennenlernen, es in den 49 unterbewussten Bereichen, bei den Gnostikern durch die 49 Dämonen von Jaldabaoth symbolisiert, studieren.

Wenn ein Arzt einen Krebstumor entfernen will, muss er ihn zuerst kennen, wenn ein Mensch ein Ich auslöschen will, muss er es studieren, er muss es sich bewusst machen, es in den 49 unterbewussten Bereichen kennen.

Während der inneren Selbsterinnerung, in dieser fürchterlichen Überanstrengung um sich seinem eigenen Ich bewusst zu sein, ist es klar, dass die Aufmerksamkeit sich teilt, und damit kommen wir wieder zurück zu jener Teilung der Aufmerksamkeit. Ein Teil der Aufmerksamkeit richtet sich, logischerweise, auf die Anstrengung, der andere Teil auf das Ego oder das vielfältige *Ich*.

Die innere Selbsterinnerung ist mehr als nur sich selbst zu analysieren, es ist ein neuer Zustand, den man nur durch direkte Erfahrung kennenlernen kann.

Jedes menschliche Wesen hatte irgendwann diese Momente, Zustände der inneren Selbsterinnerung. Vielleicht in einen Moment von unendlichem Schrecken, vielleicht in der Kindheit oder während einer Reise, wenn wir ausrufen: Was mache ich hier? Warum bin ich hier?

Die Selbstbeobachtung, gleichzeitig mit der inneren Erinnerung des eigenen Ich, ist fürchterlich schwierig und trotzdem unerlässlich um sich wirklich selbst kennenzulernen.

Es erweist sich, dass das vielfältige Ich, während der Meditation, immer das Gegenteil tut, es genießt die Unzucht, wenn wir versuchen die Lüsternheit zu verstehen, es erzeugt Blitz und Donner in einem der 49 unterbewussten Bereichen von Jaldabaoth, wenn wir versuchen den Zorn zu verstehen, es begehrt nicht gierig zu sein, wenn wir die Gier in Staub verwandeln wollen.

Innere Selbsterinnerung bedeutet, sich genau über alle unterbewussten Prozesse des mich selbst, des Ego, des vielfältigen Ich, klar zu werden.

Unsere Art zu denken, sprechen, lachen, gehen, essen, fühlen, usw., zu beobachten, ohne uns selbst, die inneren Prozesse des Egos, das was dort drinnen, in den 49 unterbewussten Bereichen von Jaldabaoth passiert, zu vergessen, erweist sich in Wirklichkeit als entsetzlich schwierig und trotzdem grundlegend für das Erwecken des Bewusstseins.

Die Selbstbeobachtung, die innere Selbsterinnerung, leitet die Entwicklung des räumlichen Sinnes ein, der seine Reife mit dem Erwachen des Bewusstseins erreicht.

Die Chakras, die von Herrn Leadbeater und vielen anderen Autoren erwähnt werden, in Bezug auf den räumlichen Sinn, sind das, was die Blumen in Bezug auf den Baum sind, der ihnen das Leben gibt. Das Wesentliche ist der Baum.

Der räumliche Sinn ist eine normale Funktion des erwachten Bewusstseins. Jeder erwachte Mensch kann tatsächlich alles sehen, hören, tasten, riechen und schmecken was in den 49 unterbewussten Bereichen von Jaldabaoth geschieht.

Jeder erwachte Mensch kann es durch die direkte Erfahrung tatsächlich für sich selbst überprüfen, er kann die Träume der Menschen, die Träume der Leute, die durch die Straße gehen, in den Fabriken arbeiten, von denen, die regieren, von allen Wesen, sehen.

Jeder erwachte Mensch kann tatsächlich alle Dinge der höheren Welten sehen, hören, riechen, tasten und schmecken.

Wer die Wirklichkeit von allem, was in den höheren Dimensionen des Weltraums geschieht, erfahren will, muss das Bewusstsein erwecken, hier und jetzt.

17. Kapitel
Die Wissenschaft der Meditation

Die Leere ist sehr schwer zu erklären, weil sie unbestimmbar und unbeschreiblich ist.

Die Leere kann nicht in menschlichen Worten beschrieben oder ausgedrückt werden, weil die verschiedenen Sprachen, die auf der Erde existieren, nur bestehende Dinge und Gefühle beschreiben können. Es ist keinesfalls übertrieben zu behaupten, dass die menschlichen Sprachen nicht geeignet sind um nicht existierende und trotzdem fürchterlich reale Dinge und Gefühle, auszudrücken.

Die erleuchtende Leere innerhalb der irdischen Grenzen, einer durch die Formen der Existenz begrenzten Sprache definieren zu wollen, ist zweifellos dumm und falsch.

Es ist notwendig, den erleuchtenden Aspekt des Bewusstseins auf eine lebendige Weise zu erkennen und zu erfahren. Es ist wichtig den leeren Aspekt des Verstandes zu fühlen und zu erfahren.

Es gibt zwei Arten der Erleuchtung: Die Erste wird gewöhnlich als *totes Wasser* bezeichnet, weil sie Bindungen aufweist. Die Zweite wird als *das große Leben* gepriesen, weil es Erleuchtung ohne Bindung ist, erleuchtende Leere.

Darin gibt es verschiedene Grade und verschiedene Stufen. Es ist notwendig, zuerst den erleuchtenden Aspekt des Bewusstseins zu erreichen und danach das objektive Wissen, die erleuchtende Leere.

Der Buddhismus sagt: *Die Form unterscheidet sich nicht von der Leere und die Leere unterscheidet sich nicht von der Form. Die Form ist die Leere und die Leere ist die Form.*

Weil die Leere existiert, existieren die Dinge und aus dem gleichen Grund, aus dem die Dinge existieren, sind sie die Leere.

Die *Leere* ist ein klarer und präziser Begriff, welcher die nicht substanzielle und die nicht persönliche Natur der Wesen ausdrückt, und sie ist ein Hinweis, ein Zeichen, für einen Zustand der vollkommenen Abwesenheit des vielfältigen *Ich.*

Nur in vollkommener Abwesenheit des Ichs können wir das Wahre erfahren, das was nicht der Zeit angehört, das was radikal umwandelt. Die Leere und die Existenz ergänzen sich, umarmen sich, schließen sich ein, schließen sich niemals aus, verneinen sich niemals.

Die normalen Leute des Alltags, die Leute mit schlafendem Bewusstsein, nehmen auf subjektive Art, Winkel, Linien, Oberflächen, wahr, aber niemals die gesamten Körper, innerlich und äußerlich, von oben und von unten, von vorne und von hinten, usw., und noch weniger können sie ihren leeren Aspekt wahrnehmen.

Der Mensch mit erwachtem Bewusstsein und leerem und erleuchtetem Verstand hat aus seinen Wahrnehmungen die subjektiven Elemente gelöscht, er nimmt die gesamten Körper wahr, er nimmt den leeren Aspekt von allem wahr.

Das ist die nicht diskriminierende Doktrin des mittleren Pfades, die Vereinigung der Leere und der Existenz.

Die Leere ist das, was keinen Namen hat ... das, was real ist ... das, was die Wahrheit ist und was manche das Tao nennen, andere Inri, andere Zen, Allah, Brahatman, oder Gott, es ist unwichtig, wie man es nennt.

Der Mensch, der das Bewusstsein erweckt, erfährt die fürchterliche Wahrheit, dass er kein Sklave mehr ist, und mit Schmerz kann er feststellen, dass die Leute, die träumend durch die Straße laufen, wie wahre umherwandernde Kadaver erscheinen.

Wenn dieses Erwachen des Bewusstseins kontinuierlich abläuft, durch die innere Erinnerung von sich selbst, von Moment zu Moment, erreichen wir das objektive Bewusstsein, das reine Bewusstsein, den leeren Aspekt des Verstandes.

Das erleuchtete Bewusstsein ist grundlegend um das Wahre zu erfahren und, das vielfältige Ich zu kosmischem Staub zu verwandeln, aber dieser Zustand ist immer noch am Rande des Samsara (die schmerzvolle Welt, in der wir leben).

Wenn man den Zustand des erwachten Bewusstseins erreicht hat, hat man einen großartigen Schritt getan, aber der Eingeweihte bleibt unglücklicherweise immer noch geblendet durch die monistische Idee, er ist unfähig all diese feinen Fäden zu zerreißen, die ihn mit verschiedenen Dingen, mit verschiedenen schädlichen Auswirkungen verbinden, er hat das andere Ufer noch nicht erreicht.

Wenn der Eingeweihte die Verbindungen löst, die ihn auf die eine oder andere Weise mit dem erleuchteten Bewusstsein verbinden, dann erreicht er die vollkommene Erleuchtung, die erleuchtete Leere, frei und vollkommen substanzlos.

Das Zentrum des Verstandes zu erreichen, die erleuchtete Leere zu erreichen, das objektive Wissen, ist fürchterlich schwierig, aber nicht unmöglich, jeder Gnostiker kann es erreichen, wenn er an sich selbst arbeitet.

Die erleuchtete Leere ist nicht das Nichts, die Leere ist das freie Leben in seiner Bewegung. Die Leere ist das, was ist, das, was immer war und das, was immer sein wird. Die Leere ist jenseits der Zeit und jenseits der Ewigkeit.

Der Verstand hat 300.000 Stämme oder Zentren, Rezeptoren, und jeder Stamm muss mit dem gleichen Ton vibrieren ohne jede Anstrengung. Der Verstand ist weiblicher Natur und ist gemacht, um zu empfangen, assimilieren und zu verstehen.

Der natürliche Zustand des Verstandes ist empfänglich, still, wie ein tiefer und ruhiger Ozean. Der Denkprozess ist ein abartiger Unfall, dessen ursprüngliche Ursache sich im vielfältigen „Ich“ befindet. Wenn der Verstand frei von allen Gedanken ist, wenn der Verstand still ist, wenn der Verstand in Ruhe ist, dann vibrieren die 300.000 Stämme im gleichen Ton ohne Anstrengung.

18. Kapitel

Der chinesische Meister Wu Wen

Der große Meister Wu Wen begann seine Meditationspraxis unter der weisen Führung des Meisters Tuo Weng. Die erste Arbeit der Meditation begann mit dem folgenden Koan oder mysteriösen Satz:

Es ist nicht der Verstand, es ist nicht der Buddha, es ist nichts. Wu Wen saß im orientalischen Stil, konzentrierte seinen Verstand auf diesen Satz und versuchte seine tiefe Bedeutung zu verstehen.

Dieser Koan oder rätselhafte Satz ist tatsächlich schwer zu verstehen, und wenn man darüber meditiert, mit der gesunden Absicht, die Wahrheit, die in jedem einzelnen Wort dieses mysteriösen Satzes eingeschlossen ist, zu erfahren, dann ist es klar, dass der Verstand, wenn er seine Bedeutung nicht erkennen kann, besiegt wird, tödlich verwundet ist. Er gibt auf, er bleibt still und in Ruhe.

Der chinesische Meister Wu Wen hatte das Glück sich mit Yung Feng und Yueh Shan und einigen anderen Brüdern zu treffen und alle zusammen haben sich verpflichtet zu arbeiten, um die Erleuchtung zu erreichen.

Nach einiger Zeit ging Wu Wen zum Meister Huai Shi, der ihn lehrte mit Hilfe des heiligen Mantrams Wu zu meditieren. Dieses Mantram wird mental gesungen und der Buchstabe U wird zweimal wiederholt, U ... U ..., indem man den Vokal verlängert, als ob man den Ton eines Orkans nachahmen würde, der durch eine Gebirgsschlucht heult oder den schrecklichen Aufschlag der Wellen am Strand.

Dieses Mantram wird mental gesungen, wenn wir die Meditation praktizieren, mit der Absicht die Stille und Ruhe des Verstandes zu erreichen, wenn wir den Verstand von jeder Art von Gedanken, Begierden, Erinnerungen, Sorgen, usw., befreien wollen. Danach ging er zu Chang Lu, wo er die Meditation mit seinem Gefährten, der auch die endgültige Erleuchtung ersehnte, praktizierte.

Als Wu Wen und Chin von Huai Shang sich kennenlernten, fragte der Letztere: *Du praktizierst seit sechs oder sieben Jahren, was konntest du verstehen?* Wu Wen antwortete: *Jeden Tag habe ich den Eindruck, dass nichts in meinem Verstand ist.*

Diese Antwort war sehr weise. Wu Wen hatte den Eindruck, dass es in seinem Verstand nichts gab, sein Verstand begann leer zu werden, der Kampf der Gedanken kam zu einem Ende.

Wu Wen machte wunderbare Fortschritte, aber etwas fehlte und Chin sagte zu ihm: *Du kannst in der Stille praktizieren aber deine Übung scheitert in der Aktivität.* Das beunruhigte Wu Wen sehr, denn er war genau in seinem schwachen Punkt getroffen.

Fähig zu sein, den Verstand ruhig und still zu halten, frei von jeder Art von Gedanken, obwohl wir Hunger oder Durst haben, obwohl die Moskitos uns stechen oder viele lärmende Leute in unserer Nähe sind, ist sehr schwierig und das war es, was Wu Wen fehlte. Er konnte die Meditation in der Stille praktizieren, aber nicht in der Aktivität, das heißt, mit all diesen Nachteilen.

Was soll ich machen? fragte Wu Wen Chin. Die Antwort war: Hast du nie gehört, was Chung Lao Tze sagt? Wenn du das verstehen willst, stelle dich mit dem Gesicht nach Süden und betrachte Ursa Minor. Rätselhafte Worte ... exotische Worte ... mysteriös ... schwierig zu verstehen, und das Schwierigste ... es gab keine Erklärung. Das sagte Chin und zog sich zurück.

Wu Wen war fürchterlich besorgt, er gab die Übung mit dem Mantram Wu für eine Woche auf und konzentrierte seinen Verstand, bemüht vollkommen zu verstehen, was Chin mit diesem Satz, *sich nach Sünden zu wenden und Ursa Minor zu betrachten*, sagen wollte. Das verstand er erst, als die Mönche, die mit ihm im Meditationsraum waren, den Raum verließen und zum Esszimmer gingen. Wu Wen fuhr mit seiner Meditation im Meditationsraum fort und vergaß das Essen.

Dass er fortfuhr zu meditieren, als die Zeit des Essens gekommen war, ohne von ihm bemerkt zu werden, war etwas sehr Entscheidendes für Wu Wen, weil er erst dann die Bedeutung der Meditation in Aktivität verstand.

Wu Wen erzählte, dass genau in diesem Augenblick sein Verstand erstrahlte, leer, leicht, transparent, seine menschlichen Gedanken zerbrachen in Teilen wie Stückchen von trockener Rinde, er fühlte, wie er in die Leere eintauchte.

Eine halbe Stunde später, als er in seinen Körper zurückkehrte, bemerkte er, dass er in Schweiß gebadet war. Dann verstand er die Bedeutung des Betrachtens von Ursa Minor, mit dem Gesicht nach

Süden. Er lernte, sich während der Meditation, Ursa Minor zu stellen, das heißt dem Hunger, dem Lärm, allen störenden Faktoren für die Meditation.

Von diesem Moment an konnten weder Lärm, noch Mückenstiche noch Hunger noch Hitze oder Kälte die vollkommene Konzentration der Gedanken verhindern. Später, als er Chin wieder besuchte, konnte er mit vollkommener Genauigkeit alle Fragen, die jener ihm stellte, beantworten, trotzdem ist es schmerzlich zu sagen, dass Wu Wen doch noch nicht genügend entblößt war, um den Zustand des „*einen Sprung vorwärts zu machen*" zu erreichen.

Nach einer Zeit, ging Wu Wen um Hsianh Yen, in den Bergen zu besuchen und den Sommer dort zu verbringen, und er erzählte, dass ihn während der Meditation die Moskitos fürchterlich und ohne Erbarmen gestochen hatten, aber er hatte gelernt sich Ursa Minor (Hindernisse, Unannehmlichkeiten, Hunger, Moskitos, usw.) zu stellen und er dachte: *Wenn die Ahnen ihre Körper dem Dharma geopfert haben, warum sollte ich die Moskitos fürchten*?

Dessen bewusst, nahm er sich vor, alle Stiche geduldig auszuhalten, mit geballten Fäusten und zusammengebissenen Zähnen; während er die schrecklichen Stiche der Moskitos aushielt, konzentrierte er seinen Verstand auf das Mantram Wu (U ... U ...).

Wu Wen sang das Mantram Wu. Er imitiert mit dem „U" den Ton eines Orkans, der durch eine Gebirgsschlucht heult, den Ton des Meeres, das sich am Strand bricht. Wu Wen wusste die Meditation intelligent mit dem Schlaf zu verbinden.

Wu Wen sang sein Mantram mit dem Verstand und dachte an nichts. Wenn irgendein Verlangen oder eine Erinnerung oder ein Gedanke in seinem Verstand auftauchte, wies Wu Wen ihn nicht zurück, er studiert ihn, analysierte ihn, er verstand ihn in allen Niveaus des Verstandes und vergaß ihn dann radikal, total und definitiv.

Wu Wen sang sein Mantram beständig, ohne Begehren, ohne Gedanken, jedes Verlangen oder jeder Gedanke, der in seinem Verstand auftauchte, wurde sorgfältig verstanden und dann vergessen, der Gesang des Mantrams wurde nicht unterbrochen, die Moskitos und ihre Stiche waren nicht mehr von Bedeutung.

Plötzlich ereignete sich etwas Transzendentales, er fühlte, dass sein Verstand und sein Körper einstürzten, wie die vier Wände eines

Hauses. Es war der Zustand der erleuchteten Leere, rein, vollkommen, frei von allen Attributen. Er hatte sich in den ersten Stunden des Morgens in Meditation begeben und erst in der Abenddämmerung erhob er sich.

Man kann im orientalischen Stil sitzend meditieren, die Beine gekreuzt, wie es Buddha machte oder im westlichen Stil in einer bequemen Position, oder liegend mit den Armen und Beinen gespreizt wie ein fünfzackiger Stern, und mit entspanntem Körper, aber Wu Wen war orientalisch und bevorzugte im orientalischen Stil zu sitzen wie Buddha.

An diesem Punkt hatte der große chinesische Meister Wu Wen die Erfahrung der erleuchteten Leere erreicht, aber es fehlte noch immer etwas, er hatte noch nicht die völlige Reife erlangt, in seinem Verstand befanden sich noch falsche und unbemerkte Gedanken, die im Geheimen weiter existierten, kleine verführerische Dämonen, kleine unterbewusste Ichs, Rückstände, die noch immer in den 49 unterbewussten Bereichen von Jaldabaoth lebten.

Nach dieser Erfahrung der erleuchteten Leere ging Wu Wen zu dem Berg von Wung Chow und meditiert dort sechs Jahre, danach meditiert er weitere sechs Jahre auf dem Berg von Lu Han und weitere drei Jahre in Kuang Chou. Nach diesen Anstrengungen und vielen Leiden erreichte der Meister Wu Wen die endgültige Erleuchtung.

Der Meister Wu Wen war ein wahrer Athlet der Meditation. Während seiner Übungen verstand er, dass jede mentale Anstrengung intellektuelle Anspannung hervorruft und diese ist schädlich für die Meditation, weil sie die Erleuchtung blockiert.

Der Meister Wu Wen teilte sich nie in ein höheres Ich und ein niederes Ich, weil er verstanden hatte, dass höher und tiefer zwei Teile einer gleichen Sache sind.

Der Meister Wu Wen fühlte sich weder als ein Gott noch als ein Deva, wie die Mythomanen, sondern als ein unglückliches vielfältiges Ich, tatsächlich bereit immer mehr und mehr in sich selbst zu sterben. Der Meister Wu Wen teilte sich selbst nicht in *Ich* und *meine Gedanken*, weil er verstanden hatte, dass *meine Gedanken* und *Ich* beides *Ich* sind und dass es nötig ist, integer zu sein, um die vollkommene Meditation zu erreichen.

Während der Meditation befand sich Meister Wu Wen in einem integren Zustand, aufnahmebereit, fürchterlich demütig, mit ruhigem

Verstand und in tiefer Ruhe, ohne irgendeine Anstrengung, ohne mentale Anspannung, ohne den Wunsch mehr zu sein, weil Wu Wen sehr gut wusste, dass das Ich ist, was es ist und niemals mehr sein kann, als es ist.

In diesem Zustand vibrierten alle 300.000 Stämme des Mentalkörpers von Meister Wu Wen intensiv im gleichen Ton, ohne jede Anstrengung, Liebe und Weisheit aufnehmend und empfangend. Als Wu Wen in den Meditationsräumen und Lumisialen war, empfingen alle Mönche eine große Hilfe von den starken Vibrationen seiner leuchtenden Aura.

Wu Wen besaß schon die höheren existenziellen Körper des Seins, die solaren Körper, aber es war notwendig das *Ich* aufzulösen und die endgültige Erleuchtung zu erreichen, und er erreichte sie, nachdem er viel gelitten hatte.

19. Kapitel
Die venusische Einweihung

Die venusische Einweihung ist ausschließlich für die wahren Menschen, niemals für die intellektuellen Tiere. Als wahre Menschen versteht man diejenigen, die die solaren Körper erschaffen haben. Als intellektuelle Tiere versteht man die gesamte Menschheit, alle Personen, die nur lunare Körper besitzen.

Die venusische Einweihung ist die wahre Weihnacht des ruhigen Herzens. Die venusische Einweihung ist für wenige, sie ist eine Gnade des solaren Logos. Im Nirvana gibt es viele Buddhas, die trotz ihrer großen Perfektionen, niemals die venusische Einweihung erreichten.

Das Gesetz des Sonnenlogos ist sich für die Menschheit zu opfern. Er opfert sich seit der Morgendämmerung des Lebens, er kreuzigt sich in allen Welten, in jedem neuen Planeten, der zu existieren beginnt, damit alle Wesen Leben im Überfluss haben.

Es sind wenige, die die venusische Einweihung empfangen, das ist eine sehr besondere Gnade, es ist notwendig, sich vorher für die Menschheit zu opfern.

Annie Besant begeht den Fehler, anzunehmen und sogar zu bestätigen, dass der innere Christus, das Kind Gottes, der Erretter, sich im menschlichen Wesen inkarniert, wenn dieses die erste Einweihung der höheren Mysterien erreicht. Annie Besant möchte in den fünf ersten Einweihungen der großen Mysterien das gesamte kosmische Drama sehen, Geburt, Wachstum, Tod und Auferstehung des Christus. Annie Besant begeht den Fehler, die fünf Einweihungen des Feuers mit der venusischen Einweihung zu verwechseln.

Wir müssen wissen, dass der Christus sich nicht im intellektuellen Tier inkarnieren kann, es ist notwendig, zu verstehen, dass der Christus, unser Herr, sich nur in wahren Menschen inkarnieren kann und dass es unmöglich ist, diesen Zustand des authentischen Menschen zu erreichen, ohne vorher die fünf Einweihungen der großen Mysterien durchlaufen zu haben.

Nur nachdem man die fünf Einweihungen der großen Mysterien durchlaufen hat, und als Gnade, nachdem man sich für die Menschheit geopfert hat, kann sich der Christus in uns inkarnieren.

Wie oben, so unten.

Am Beginn der Morgenröte der Schöpfung befruchtete das sexuelle Feuer des dritten Logos die Gebärmutter der großen Mutter, die ursprüngliche Materie. Den zweiten Teil vollbrachte der zweite Logos, der kosmische Christus, indem er sich in den Welten, die geboren wurden, inkarnierte, damit alle Wesen Leben im Überfluss haben sollten.

Im Mikrokosmos Mensch wiederholt sich das Ereignis. Der Erste, der eingreift, ist der dritte Logos, indem er die chaotische Materie befruchtet, die sich im Samen und in der Wirbelsäule befindet, indem er die heilige Mutter, das Akasha-Prinzip, befruchtet, damit das innere Universum geboren wird, die solaren Körper. Danach wird der zweite Logos in diesen existenziellen höheren Körpern des Seins geboren, um am großen Werk des Vaters zu arbeiten.

Wie oben so unten, wie unten so oben. Die kosmischen Ereignisse, die sich in einem Sonnensystem entwickeln, wiederholen sich im Atom. Die großen Ereignisse, die in der Genesis jeder Galaxie stattfinden, wiederholen sich auch im Mikrokosmos Mensch.

Es ist notwendig, zuerst mit dem Feuer und dann mit dem Licht zu arbeiten. Es ist unerlässlich zuerst mit dem dritten Logos in der neunten Sphäre zu arbeiten und später mit dem zweitem Logos.

Die ersten fünf Einweihungen der höheren Mysterien sind eine mikrokosmische Kosmogenesis. Das Feuer befruchtet die chaotische Materie der göttlichen Mutter, damit die solaren Körper geboren werden. Später kommt das Beste, das Eingreifen des zweiten Logos, die venusische Einweihung, nach dem Opfer für die Menschheit.

Es ist unerlässlich zu wissen, es ist notwendig zu verstehen, dass die venusische Einweihung sieben esoterische Grade hat.

Erstens: Geburt im Stall der Welt. Der innere Christus wird immer voller Liebe für die Menschheit geboren, in diesem inneren Stall, den wir in uns haben, unglücklicherweise von den Tieren der Leidenschaften, von dem vielfältigen Ich, bewohnt.

Zweitens: Taufe des Eingeweihten in der ätherischen Welt, Christifizierung des Vitalkörpers.

Drittens: Verklärung des Herrn. Der innere Christus erstrahlt im Kopf und im sideralen Gesicht des Astralkörpers des Eingeweihten, wie das Gesicht von Moses auf dem Berg Nebo strahlte.

Viertens: Einzug in Jerusalem mit Palmen und Festlichkeiten, Christifizierung des Mentalkörpers des Eingeweihten.

Fünftens: Der heilige Tuch der Veronika, auf dem das Gesicht des Meisters abgebildet blieb. Christifizierung der menschlichen Seele oder des bewussten Willenskörpers.

Sechstens: Christifizierung der spirituellen Seele (Buddhi), großartige kosmische Ereignisse im Bewusstsein von Buddhi, die unglücklicherweise nicht in den vier Evangelien niedergeschrieben wurden. Ereignisse des kosmischen Dramas, die in intimer Beziehung zu bestimmten Tatsachen anderer Planeten des Sonnensystems sind.

Siebtens: Der Meister ist gekreuzigt und empfiehlt seinen Geist dem Vater unter Blitzen, Donner und Erdbeben.

Die Frau versiegelt das Grab immer mit einem großen Stein, dem philosophischen Stein, der die Sexualität symbolisiert (der Kampf gegen Satan war schrecklich).

In strikter Zusammenfassung sind dies die sieben Grade der venusischen Einweihung. Über jeden Einzelnen dieser sieben Grade kann man Bände schreiben.

Der Christus, unser Herr, wird immer innerhalb des individuellen, inneren, bescheidenen Stalles eines jeden vorbereiteten Eingeweihten geboren.

Die Mutter des Herrn war, ist, und wird immer die göttliche Mutter Kundalini sein, die feurige Schlange unserer magischen Kräfte.

Die Könige der Intelligenz, die drei Weisen, die wahren Genies werden den Herrn immer wieder erkennen und kommen, um ihn anzubeten.

Das Kind wird sich immer in großer Gefahr befinden. Herodes, die Welt, die Finsteren wollen ihn immer enthaupten. Die Taufe im Jordan der Existenz ist immer unerlässlich, die Wasser des Lebens reinigen, transformieren, taufen.

Die Verklärung interpretiert mit höchster Intelligenz das Gesetz Moses, indem sie die Leute lehrt und in ihrer Arbeit all die wunderbare Inbrunst eines Elias erklärt.

Der Herr wird auf den rauen Wellen des Meeres des Lebens schreitend, zu uns kommen. Der innere Herr wird immer in unserem Verstand Ordnung halten und unseren Augen das verlorene Licht zurückgeben.

Der innere Herr wird immer das Brot der Eucharistie vermehren, als Nahrung und Kraft für unsere Seelen.

Der Verehrungswürdige, inkarniert im Eingeweihten, wird auf den Straßen dieses großen Jerusalem der Welt predigen, indem er der Menschheit die Botschaft der neuen Ära überbringt, und sein Gesicht, mit Dornen gekrönt, wird für immer im Tuch der Veronika abgebildet bleiben.

Im Bewusstsein des Eingeweihten werden immer großartige kosmische Ereignisse stattfinden, und inmitten von Blitzen und Erdbeben der Seele wird der Herr seinen Geist dem Vater empfehlen und ausrufen: *Mein Vater, in deine Hände empfehle ich meinen Geist.* Nachdem der Körper im Grab ist, wiederholt sich die Auferstehung nach drei einhalb Tagen.

Der solare Mythos hat zwei Aspekte: Der Erste repräsentiert die kosmische Aktivität des Zweiten Logos in der Dämmerung jeder neuen Welt, die aus dem Leib der großen Mutter geboren wird.

Der zweite Aspekt ist die Zusammenfassung des Lebens jedes heiligen Individuums, das sich in eine Inkarnation des zweiten Logos, des kosmischen Christus, verwandelt.

Der Held des solaren Mythos wurde in allen Zeiten immer als ein Gott-Mensch dargestellt, und sein Leben entwickelte und entfaltete sich im Einklang mit der Bahn der Sonne, die das kosmische Fahrzeug des solaren Logos ist.

In der Vergangenheit, in den alten Zeiten, wurde die Geburt des Mithras immer mit großer Freude während der Wintersonnenwende gefeiert. Im alten Ägypten der Pharaonen wurde Horus, der göttliche Geist, Sohn von Isis und Osiris auch zur Wintersonnenwende geboren.

Niemand weiß das genaue Datum, an dem Jesus von Nazareth geboren wurde. Es existierten 136 verschiedene Angaben bezüglich der Geburt von Jesus. Die gnostischen Eingeweihten entschieden mit großer Weisheit das Datum der Geburt Jesu, auf den 24. Dezember, um zwölf Uhr Mitternacht, das heißt, auf die ersten Minuten des 25. des gleichen Monats, festzulegen.

In einem anderen solaren Mythos wird der göttliche Retter, der innere Christus jedes heiligen Individuums immer aus dem Mutterleib der unbefleckten Jungfrau, der göttlichen Mutter Kundalini, geboren.

Das erinnert uns an das Sonnenkind des 24. oder 25. Dezember, das kommt, geboren wird, in Richtung Norden schreitet, in dem Augenblick, in dem das Sternzeichen Jungfrau, die unbefleckte Jungfrau, im Zenit erstrahlt.

Die Sonne, der kosmische Christus, im Kosmos oder im Menschen wird immer aus den Eingeweiden der jungfräulichen kosmischen Mutter geboren.

Buddha wird von einer Jungfrau, genannt Mayadevi geboren, im Einklang mit dem kosmischen Drama, intelligenterweise verstanden von den chinesischen Eingeweihten. Der Tod und die Auferstehung des Herrn, während der Äquinoktien des Frühlings, sind genauso weit verbreitet wie seine Geburt während der Wintersonnenwende.

In dieser Zeit starb Osiris durch die Hand Tiphons und man stellte ihn dar mit ausgebreiteten Armen, als ob er gekreuzigt wäre.

Jedes Jahr zu dieser Zeit beweinte man den Tod von Tammuz in Babylonien und Syrien, auch zur Zeit der Tagundnachtgleiche des Frühlings gab es viele heilige Wehklagen, dann weinte man um Adonis, nicht nur in Syrien, sondern auch in Griechenland.

In Persien feierte man den Tod Mithras zur selben Zeit, der Tagundnachtgleiche des Frühlings.

In allen Mysterienschulen wurde die Bahn der Sonne von ihrer Geburt bis zu ihrem Tod und der Auferstehung in Form eines Dramas dargestellt. Der Eingeweihte richtete sein Leben nach dem solaren Drama und verwandelte sich tatsächlich in ein solares Individuum.

Die venusische Einweihung ist nur für wahre Männer, nicht für die Frauen, keine Frau kann jemals die venusische Einweihung erreichen. Der höchste Grad, den eine Frau erreichen kann, ist der einer himmlischen Jungfrau, der dem Grad des Buddhas entspricht.

Wenn eine Frau die venusische Einweihung erreichen möchte, muss sie desinkarnieren, und sich in einem männlichen Körper inkarnieren.

In dieser Zeit ist dieses große Wesen, genannt Maria, Mutter von Jesus von Nazareth, im Tal des Nils in Ägypten, im Körper eines Mannes inkarniert.

H.P. Blavatsky, die weise theosophische Autorin, die die sechs Bände der Geheimlehre geschrieben hat, bereitet sich vor, um sich im Körper eines Mannes zu inkarnieren, weil sie die venusische Einweihung erreichen will.

Was wir sagen, darf die Frauen nicht ernüchtern, jede Frau, die in der feurigen Schmiede des Vulkan arbeitet, jede Frau, die in der neunten Sphäre arbeitet, kann ihre solaren Körper erschaffen und sich in einen lebenden Buddha verwandeln, in eine Jungfrau des Nirvana, mit Macht über Feuer, Luft, Wasser und Erde.

Die venusische Einweihung ist etwas Anderes, sie ist nur für wahre Männer, aber jede Jungfrau des Nirvana kann in einen männlichen Körper inkarnieren, um die venusische Einweihung zu erreichen.

Jedes Mal, wenn der solare Logos auf die Welt kommen muss, um ein neues Zeitalter einzuleiten, inkarniert er als Mann, vorbereitet für die venusische Einweihung.

Es existieren zwölf Retter. Das heißt, zwölf Avatare, die den zwölf Sternzeichen entsprechen. Die Aufgabe eines jeden Avatars ist es, ein neues Zeitalter der Aktivität einzuleiten, das dem Zeichen entspricht, in das die Menschheit eintreten wird.

Widder, Stier, usw. hatten ihre entsprechenden Avatare. Es gibt zwölf Retter, durch die sich der lebendige Christus ausdrückt. Die Inkarnation des Sonnenlogos im Stall der Welt ist ein großartiges kosmisches Ereignis.

So wie der inkarnierte Christus in jeder neu entstandenen Welt einen Weg bahnen muss durch die schrecklichen Strudel des unbändigen Dschungels, von verschiedensten Gefahren umgeben, genauso muss das goldene Kind der sexuellen Alchemie, der innere Christus, der in jedem heiligen Individuum geboren wird, seinen Weg bahnen, es muss wachsen und sich zwischen den Tieren des Stalles, zwischen den Tieren der Begierde entwickeln, umgeben von verschiedensten Gefahren und Widrigkeiten.

Am Anfang hat der Eingeweihte unglücklicherweise sein *Ich* noch nicht aufgelöst, die Tiere des inneren Stalles sind am Leben, der Eingeweihte hat die Vollkommenheit noch nicht erreicht, obwohl er schon ein Buddha ist, und das Kind muss inmitten all dieser Widrigkeiten aufwachsen und sich entwickeln.

In den Welten, die entstehen, entwickelt sich der Christus, wird gekreuzigt, stirbt und ersteht in den Eingeweiden alles Erschaffenen wieder auf, damit alle Wesen Leben im Überfluss haben. Im Eingeweihten, der die venusische Einweihung erreicht, muss der Christ geboren werden, wachsen, sterben und auferstehen, um mit großer Intensität am großen Werk des Vaters zu arbeiten.

Als Jesus von den Toten auferstanden war, so erzählen die heiligen Schriften, verbrachte er elf Jahre mit seinen Jüngern, sprach mit ihnen und lehrte sie die 24 Mysterien, aus denen die zwölf Retter der Welt geboren werden.

Schlusswort

Geliebte Leser: Wir haben in dieser Weihnachtsbotschaft 1966-67 alles gesagt, was wir zu sagen hatten, ihr müsst sie intensiv studieren, es reicht nicht die Botschaft einmal zu lesen, wie man eine Zeitung liest. Diese Botschaft muss man das ganze Leben lang studieren und zutiefst in allen Niveaus des Verstandes verstehen.

Seid nicht wie die flatterhaften Menschen, die heute in einer Schule sind und morgen in einer anderen, die die Zeit elendig verlieren, indem sie lesen und theoretisieren, ohne irgend etwas zu erreichen.

Seid nicht wie diejenigen, die die Mysterien entweihen, die heute studieren und sich morgen über all diese Lehren lustig machen. Studiert und arbeitet, diese Botschaft ist für eure eigene innere Selbstverwirklichung.

Erinnert euch, dass wir euch den zweiten Teil der gnostischen Lehre geben. All das Sumum unserer esoterischen christlichen Doktrin wird in den jährlichen Weihnachtsbotschaften zusammengefasst.

Früher war die Botschaft nur eine einfache Broschüre, jetzt wird diese Botschaft ein Buch sein, das ihr jedes Jahr zu Weihnachten bekommen werdet.

Es ist notwendig, dass die gnostischen Lumisiale sich in Meditationsräume verwandeln. Es ist dringend notwendig, dass die Meditation in Gruppen praktiziert wird, übereinstimmend mit der Lektion von Kapitel 18 dieser Weihnachtsbotschaft 1966-67.

Erinnert euch geliebte Leser, dass wir in der Erzählung über den chinesischen Meister Wu Wen praktische Techniken für die Meditation lehren.

Geliebte Leser, ich wünsche euch frohe Weihnachten und ein glückliches neues Jahr 1967, möge der Stern von Bethlehem auf eurem Weg erstrahlen, möge Frieden in euren Herzen sein, möge es Glück in euren Heimen geben.

Inverencial in Frieden
Samael Aun Weor